한국무기의 역사

차례
Contents

들어가며

흔히 인류의 역사를 전쟁의 역사(military history)라고 말한다. 인류가 한 곳에 정착하면서 서로 간에 갈등이 생기고 심화되어 무력충돌로 이어졌다. 서로 죽이고 빼앗는 지난(至難)한 인류의 삶이 시작된 것이다. 이러한 투쟁의 장에서 적자(適者)는 생존하고 부적자(不適者)는 소멸하거나 적자의 지배하에 놓이는 인류 역사 발전의 기본법칙이 형성되었다. 다윈(Charles Darwin)이 제시한 자연계의 생존원리가 인간세계에도 적용될 수 있음을 전쟁으로 점철된 인류의 역사가 말해 주고 있다.

그렇다면 무엇이 생사(生死)를 결정했는가? 바로 대적하고 있는 양자 간의 무장력 차이였다. 특히 근력시대의 전투에서는 누가 상대적으로 우수한 무기를 보유하고 있느냐가 승패에 결정적인 영향을 미쳤다. 전투는 삶과 죽음이 교차하는 시공간이기에 전투에 임하는 양측은 사력(死力)을 다해 최상의 무기와 장비로 무장하려고 한다. 이러한 면에서 당대의 최신무기는 해당국의 경제력과 과학기술 수준의 결정체라고 말할 수 있다. 물론 무기 자체만으로는 아무런 위력을 발휘할 수 없으며, 인간과 결합할 경우에만 진정한 힘을 발산할 수 있다. 따라서 동일한 무기라도 사용자의 운용방식에 의해 전투의 승패가 갈린다. 개별적으로 이를 추구하면 '무예'라고 부르며, 집단을 이루어 조직적으로 움직이면 '무기체계'라는 용어로 정의된다.

그렇다면 왜 우리는 빠르게 변하는 21세기에 살면서 과거 전사들의 무기와 운용술에 대해 관심을 기울여야 할까? 넓은 의미에서 이는 '왜 역사를 배워야 하는가?'라는 질문과 상통한다. 전쟁사도 역사학의 일부기 때문이다. 다른 한편으로 이 질문은 일반인들이 역사를 무용(無用)한 것으로 오해하는 이유 중 하나기도 하다. 선조들이 외적을 맞아 어떤 칼과 활을 사용했고, 안전을 위해 어떤 갑옷을 착용했는지 우리가 굳이 알 필요가 있는가 하는 의문 말이다. 역사는 자연과학처럼 우리의 손에 가시적인 무엇인가를 쥐어줄 수 없다.

하지만 가장 중요한 점은 전쟁이란 인간이 하는 것이고, 승리의 욕구는—비록 무기의 형태는 차이가 있을지언정— 옛날이나 지금이나 동일하다는 것이다.

역사를 통해 볼 때 전쟁 승패의 결정적인 요인은 인간의 '창의성'에 있었다. 하지만 이는 무(無)에서 나오는 것이 아니라 바로 과거의 실상을 아는 역사지식의 토대 위에서 형성되는 것이었다. 과거의 전쟁과 무기로부터 상수(常數)적인 교훈을 얻어서 이를 기초로 현대전을 창의적으로 수행할 때, 전투에서 진정한 승자가 될 수 있다는 말이다.

그렇다면 우리 선조는 어떤 무기를 갖고 외침에 대항했을까? 컴퓨터와 첨단항법장치 등을 이용한 네트워크전을 현대전이라고 하지만, 원천을 추적해보면 우리 조상들이 사용했던 활, 칼, 창 등에 그 맥이 이어져 있음을 알 수 있다. 비록 전통 무기에 대한 이해가 현대전 수행에 그다지 유용하지 않다고 하더라도 우리는 이에 대해 알아야 한다. 그 속에는 선조들이 강토를 지키기 위해 흘린 피와 땀이 서려 있기 때문이다.

이러한 욕구에 미흡하나마 보탬이 되려는 소박한 의도를 갖고서 본서를 준비했다. 나름대로 고심한 끝에 시간상으로는 고대부터 근대까지, 무기 유형상으로는 근력무기와 화약무기에서부터 직접적인 가해력이 없는 병서 같은 일종의 간접무기까지, 그리고 독자의 흥미를 유발한다는 의도하에 잘 알려진 무기들을 각 장의 주제로 선정했다.

우리 민족의 전통 무기, 활과 무예

활을 잘 다룬 민족

활은 화약무기가 등장하는 고려 말 이전까지 장기간 사용된 우리 민족의 대표적인 투사무기였다. 활은 특성상 전쟁 시에는 무기가 되지만 평화 시에는 끼니를 해결할 수 있는 사냥 도구로 인류 역사와 더불어 발전했다. 동양 무기발달사에서 흔히 중국은 창, 일본은 칼, 그리고 우리는 활을 대표적인 무기로 꼽는다. 오래전부터 중국인들이 우리 민족을 '동이족(東夷族)'이라고 부른 것도 바로 활과 관련되어 있다. 그 때문인지 이미 삼국시대부터 활은 우리 민족의 전쟁사에서

각궁(角弓)

약방의 감초와 같은 무기였다.

삼국시대의 활이 정확하게 어떻게 생겼는지 알 길은 없다.
활은 나무와 뿔, 뼈와 같은 유기물로 제작되었기에 세월의 흐
름을 견디지 못하고 부식되었기 때문이다. 하지만 그 실체
를 엿볼 길이 전혀 없는 것은 아니다. 한 예로 고구려 무덤에
는 활 쏘는 무사의 모습이 벽화로 남아 있다. 고구려 무사들
은 맥궁, 단궁, 경궁, 그리고 각궁(角弓) 등 다양한 종류의 활

을 사용했는데, 이 중 가장 잘 알려진 것이 '각궁'이다. 각궁은 길이 1m 이내의 짧은 활로 기병이 마상에서 다루기에 적합했다. 각궁이란 말 그대로 나무나 대나무로 된 활 몸체에 동물의 뼈를 조각내서 덧붙인 일종의 합성활이었다.

강한 탄력을 지닌 각궁의 명성은 주변 민족과 충돌이 빈번했던 고구려에서부터 널리 알려졌다. 현재 북한에 남아 있는 고구려 고분벽화를 보면 마상(馬上)에서 날렵한 몸놀림으로 맹수를 향해 각궁을 날리는 무사의 그림이 생동감 있게 그려 있다. 또한 출토된 유물 중에는 각궁의 화살이 박힌 호랑이 두개골이 있는데, 이를 통해 당시 각궁의 놀라운 관통력을 가늠해 볼 수 있다. 이러한 맥락에서 『대동야승』에서도 우리 민족의 대표적 무기로 활을 꼽았던 것이다.

역사적으로 우리나라의 활이 우수하다고 평가되는 이유는 무엇일까? 우선 주변 민족보다 훨씬 좋은 재료를 사용해 활을 제작했다는 점을 꼽을 수 있다. 중국이나 일본의 활은 나무나 대나무 등 단일재로 제작한 단순한 형태였지만, 각궁은 여러 재료를 결합해서 만든 첨단 합성활이었다. 각궁은 두 개의 판을 풀로 합치거나 나무로 된 활의 몸체 뒷면에 동물의 심줄이나 특히 물소 뿔을 덧대어 만들었다. 처음에는 물소 뿔만을 사용했으나 점차 새로운 재료가 추가되어 조선시대에 이르면 정통 각궁의 제작에 무려 일곱 종류의 재료—대나무, 물소 뿔, 쇠심줄, 구지뽕나무, 참나무, 민어부레풀, 화피—가 사용될 정도였다. 이처럼 다양한 재료와 특별한 제작기술로 만든 각궁은 우수한 탄력성으로 인해 주변 민족에게 가장 위협적인 무기였다.

그렇다면 각궁 제작의 핵심 재료인 물소 뿔, 즉 수우각(水牛角)은 어떻게 구했을까? 기후 여건상 한반도에서는 물소가 자라지 못한다. 물소는 아열대 지방인 중국 남부와 동남아시아 일대에서 야생으로 서식했다. 따라서 물소 뿔은 중국을 왕래하는 사절단이나 대만, 유구(琉球) 등 남방지역과 교역하는 상인들을 통해서 입수할 수밖에 없었기에 구하기도 어려웠고 가격도 높았다. 더구나 우리나라 각궁의 위력을 잘 알고 있던 중국은 물소 뿔을 중요 군수물자로 간주해 국외 반출을 엄격하게 통제했기에 각궁 제작에 어려움이 많았다. 그래서 조선시대에는 안정적인 물소 뿔 공급을 위해 남부지방에서 물소를 사육하려는 시도가 있었지만 기후 조건이 안 맞아 성공하지 못했다.

그런데 왜 하필이면 물소 뿔이어야만 했을까? 물론 경우에 따라서는 황소 뿔을 사용했다. 하지만 황소 뿔은 길이가 짧아서 여러 조각을 겹쳐야만 각궁의 몸체를 감쌀 수 있었다. 그러다 보니 탄력성이 약하고, 접착제의 성능 저하로 덧댄 뿔 조각이 떨어지는 일이 빈번했다. 이에 비해 물소 뿔은 상대적으로 단단했기에 가공하기도 수월했고, 무엇보다도 길이가 길어서 활 몸체의 한쪽 마디를 별도의 이음매 없이도 덧댈 수 있었다.

물론 각궁의 높은 탄력성의 비밀이 물소 뿔에만 있었던 것은 아니었다. 활 몸체의 바깥 부분에 덧댄 쇠심줄도 탄력성 향상의 숨은 공로자였다. 쇠심줄, 즉 소의 힘줄은 척추와 근육에 붙어 있었기에 질기고 신축성이 뛰어났다. 따라서 이 힘줄을 활의 중심 부분에 민어부레풀로 접착했을 때 강한 인장력이 생기며, 활이 부러지는 것을 방지하면서 우수한 복원력을 발휘했다. 이처럼 적절한 크기와 뛰어난 위력을 지닌 각궁이었기에 많은 시간과 노력으로 제작했음에도 불구하고 꾸준한 사랑을 받았던 것이다.

활의 천 년 배필, 화살

각궁의 위력이 아무리 우수해도 무기로써 기능을 발휘하려면 화살이 있어야 한다. 아무리 좋은 각궁이 있어도 화살이 불량하면 성능은 반감될 수밖에 없다. 궁극적으로 적군을 살상하는 것은 바로 화살이기 때문이다.

화살은 나무를 이용한 가느다란 막대기에 머리 쪽에는 화살촉을, 꼬리 쪽에는 깃털을 붙인 것으로 활의 탄력을 빌어

적을 살상하는 투사무기다. 각궁으로 대표되는 활을 중시했듯이, 화살도 칼이나 창 못지않게 중요한 무기로 주목받았다. 신기전(神機箭)에서 엿볼 수 있듯이 화약무기가 등장한 조선시대에도 화살은 여전히 무기로써 중요한 비중을 차지하고 있었다. 화살을 날려 보내는 활쏘기가 조선시대에 무과 시험 중 하나였고, 양반사회에서 군자의 도(道)를 수양하는 방편으로 중시되었음은 화살의 중요성을 말해준다.

그렇다면 화살은 어떻게 만들어졌을까? 간혹 전쟁영화나 사극에서 화살이 비 오듯이 쏟아지는 장면을 보았기에 어렵지 않게 만들 수 있는 것으로 오해할 수 있다. 물론 화살은 전투가 종료된 후 수거해 재사용하기도 했으나 엄밀히 말하면 일회용 소모품이었다. 그렇다고 이를 아무렇게나 만들었다가는 소중한 각궁 자체가 무용지물이 될 수 있었다. 궁수는 활의 탄력을 이용해 발사만 하면 됐지만 실제로 날아가서 살상 효과를 내는 것은 화살이었기에 화살은 활 못지않게 중요했다. 화약무기가 과학적 탄도를 가지고 발사됐듯이, 화살도 당대의 과학지식을 집적한 채 날아갔던 것이다.

화살은 용도와 목적에 따라 길이와 무게가 다양했다. 화살의 무게를 결정하는 것은 머리 부분에 부착된 화살촉이었다. 이는 실질적으로 살상효과를 내는 부품으로 매우 중요했기에 형태와 재질이 다양했다. 일반적으로 화살촉 끝 부분의 형태에 따라 유엽형, 도자형, 도끼형, 그리고 송곳형 등으로 구분했다. 재질 상으로는 돌촉, 청동촉, 철촉 순으로 발달했다. 화살은 목적에 따라 화살대의 길이를 조절했고, 과녁의 성격에 따라 화살촉을 선택해 양자를 결합했다. 마지막으로 화살의 비행방향을 정확하게 유지해주는 일종의 방향타가 필요했다. 이

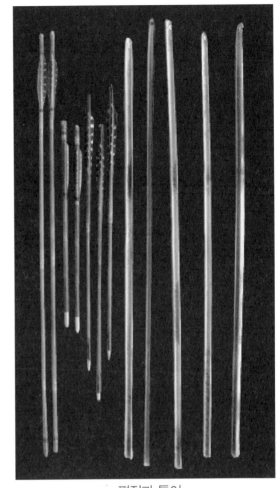

편전과 통아

것이 바로 화살의 꼬리에 부착되어 비행 중인 화살을 빠르게 회전시키는 깃털이다. 깃의 재료는 털이 촘촘해 공기저항에 강했던 꿩의 날개털이 가장 선호되었다.

화살은 화전, 철전, 효시, 유엽전 등 종류가 다양했지만, 가장 주목을 받은 것은 편전(片箭)이었다. 편전은 크기가 약 40Cm에 불과해 '애기살'이라는 별칭으로 불렸다. 편전은 길이가 보통 화살의 절반에도 못 미쳤기에 나무로 만든 '통

아'라는 대롱에 넣어서 발사했다. 보통 화살의 절반 길이
에 활의 모든 탄력이 전달되었기에 편전은 빠른 비행속도와
1,000보에 이르는 긴 사거리를 자랑했으며, 특히 관통력이 뛰
어났다. 이러한 특성 덕분에 북쪽 국경지대에서 기병 중심의
야인들을 상대하는 데 놀라운 위력을 발휘했다.

무예로서의 활쏘기

역사적으로 우리나라의 활이 명성을 유지한 이면에는 활
의 성능 못지않게 이를 사용한 궁수(弓手)의 실력도 중요했다.
서두에서도 밝혔듯이 아무리 성능 좋은 무기라도 그 자체로
는 아무런 효력을 발휘할 수 없다. 무기에 적합한 인간과 결
합할 때 비로소 내재된 위력을 발휘할 수 있는 것이다.

그렇다면 활에 적합한 인간은 어떻게 양성되었을까? 무엇
보다 평상시 훈련을 통해서였다. 활의 민족답게 선조들은 예
로부터 활쏘기를 매우 강조했다. 이민족의 침탈이 심할수록
활쏘기 훈련의 강도는 높아졌다. 다른 무기에 비해 활은 명
중률을 향상시키기 쉽지 않다. 장기간에 걸친 꾸준한 훈련
없이는 거의 불가능하다. 칼이나 창 같은 단병기와 달리 활
은 원거리의 적군을 명중시켜야만 무기로써 본래의 목적을
달성할 수 있었기 때문이다.

사료에 의하면, 활쏘기는 삼국시대 이래로 우리 역사에서 매우 중시되었다. 대표적으로 조선시대 무관은 무예와 병서 시험을 통해 선발되었는데, 이때 무예의 시험과목에 활쏘기가 포함되었다. 그러다 보니 활쏘기는 군사훈련에서도 중요한 위치를 차지했으며, 특별한 사정이 없는 한 무관은 거의 매일 활쏘기 연습을 했다. 물론 놀이의 성격도 갖고 있었으나 궁극적으로는 활쏘기 훈련의 연장이었다. 이들은 편을 갈라 단체전을 하거나 간혹 인접 부대를 방문해 그곳의 무관들과 원정경기를 벌이기도 했다. 기본적으로 조선은 장병기(長兵器) 전술에 바탕을 두고 있었기에 칼쓰기나 창쓰기 등은 소홀했을지언정 활쏘기는 항상 강조했다. 덕분에 조선 장병들의 활 솜씨는 중국이나 일본보다 월등했고, 간혹 이들의 정탐대상이 되기도 했다.

무엇보다도 활쏘기는 조선시대 사대부가 갖추어야 할 중요한 소양으로 강조되어 문관도 이에 힘썼다. 활쏘기가 덕을 함양하는 중요한 수단으로 자리매김한 것이었다. 세월이 흐르면서 활쏘기야 말로 유교의 덕을 쌓는 길이며 동료와 어울려 활쏘기 시합을 하는 것은 단순한 유희가 아니라 군자의 도를 실행하는 것으로 인식되었다.

이처럼 활쏘기가 사대부가 갖추어야 할 중요한 덕목이 된 이면에는 태조 이성계를 비롯한 역대 조선 국왕들의 개인적

참여와 장려정책이 중요한 역할을 했다. 이성계의 뛰어난 활솜씨는 재론할 여지가 없을 정도로 여러 일화를 통해서 잘 알려졌다. 그의 뒤를 이은 조선의 역대 왕들도 선대의 유업을 이어받아서 활쏘기에 깊은 관심을 기울였다. 특히 정조는 뛰어난 활솜씨를 갖고 있었음을 대사례(大射禮) 기록화를 통해서 엿볼 수 있다.

활이 우리 민족의 대표무기가 된 이유

각궁으로 대변되는 양질의 활과 편전으로 대변되는 다양한 화살, 그리고 평소 부단한 훈련을 통해 고도의 기량을 갖춘 궁수, 이러한 삼박자가 어우러져 삼국시대부터 조선시대 말에 이르기까지 활은 한민족 전쟁사에서 중요한 위상을 차지했다.

그렇다면 활이 우리 민족의 대표적인 전통 무기가 된 이유는 무엇일까? 우선, 물질적 측면에서 우리나라는 사계절이 뚜렷한 덕분에 활의 재료가 풍부했던 점을 꼽을 수 있다. 상대적으로 일본은 기후가 습윤해 대나무 이외에는 탄력 있는 나무를 구하기 어려웠다. 하지만 보다 중요한 요인이 더해져야만 한다. 진정한 의미에서 무기라는 무생물과 인간이라는 생명체가 결합해야 비로소 무기가 생명력을 갖게 된다는 점에 해답이 있다.

우리 민족은 삼국시대부터 기병전술과 수성전술을 근간으로 주변 이민족의 침략에 대응했다. 삼국시대의 전투방식은 주로 보병과 기병의 합동전술로 이루어졌다. 정면에서 보병이 적군을 상대하는 동안에 기병은 측면을 공격해 적 진영을 와해시키거나 적 진영의 취약부분을 정면으로 돌파하기도 했다. 대부분 침략하는 적군의 병력이 많았기에 이에 대응하려면 기동성을 갖춘 기병이 효과적이었다. 따라서 길이는 짧지만 탄력성이 높은 각궁이 기병용 주 무기로 발달했던 것이다. 말을 타고 달리다가 갑자기 상체를 뒤로 돌려서 화살을 쏴 적군을 살상하는 방식이 기병 무예훈련의 기본이었다. 이러한 기병 중심의 전술체계는 거란족이나 여진족 등 북방 이민족의 침략을 많이 받았던 고려시대는 물론이고 야인들을 물리치고 북방 영토개척을 이룩한 조선시대에도 지속되었다.

다음으로는 삼국시대 이래 우리나라에서 벌어진 전투가 대부분 산성(山城)을 중심으로 전개되었다는 점을 들 수 있다. 평지가 대부분인 유럽과 달리 한반도는 국토의 대부분이 산악지형이다. 따라서 주거지 주변의 요충지에 산성을 구축하고 평지에서 생활하다가 적군이 침략하면 산성으로 피난해 방어하는 청야입보(淸野入堡)의 수성전(守城戰)이 중시되었다. 화약무기를 사용하기 이전 수성전에 가장 적합한 전투방식은 접전이 필요한 단병전술이 아니라 가능한 한 원거리 공격으로 적군의 산성 접근을 막는 장병전술이었다. 이러한 전투방식에 가장 적합한 무기가 바로 활이었던 것이다.

전통 기병의 무기와 무예

기동과 충격의 대명사, 기병

전쟁영화에서 지축을 흔들며 무리를 이룬 채 무서운 속도로 적진을 향해 돌진하는 기병대를 보면 한편으로는 통쾌함을, 다른 한편으로는 전율과 공포를 느낀다.

이처럼 적 진영 돌파를 주 임무로 수행하는 부대가 바로 기병이다. 기병은 고대전쟁에서 유일하고 확실한 기동수단이었으며, 무장한 인원을 빠르게 적군에게 접근시켜서 적 진영을 교란하거나 적보다 먼저 유리한 요충지를 점령하는 역할을 했다. 인간의 키가 그리 크지 않았던 과거에 말 위에서 무기를 휘두르는 기병은 보병이 대적하기에 너무나 버거운 상대였다. 물론 우수한 말의 획득과 사육, 그리고 기병의 훈련 등에 소요되는 엄청난 비용으로 병력 규모가 제한적일 수밖에 없었지만, 그럼에도 불구하고 보병에게는 가히 천하무적이었을 것으로 짐작된다.

고고학자들은 출토된 고대 유물들을 근거로 우리에게도 북방 기마민족의 피가 흐르고 있다고 주장한다. 경상도 김해 지역의 가야 유적지에서 출토된 유물이나 신라 고분에서 출토된 갑옷 유물, 무엇보다도 북한의 고분벽화에 등장하는 고구려 기병의 늠름한 모습 등에서 이러한 주장의 타당성을 엿볼 수 있다. 고대의 기마전은 대표적인 전투형태였으며, 이때 '동이족'이라는 명칭에 걸맞게 각궁을 이용한 기사(騎射)가 중요한 역할을 했다. 삼국 모두 기병 양성에 주력했으나 무엇보다도 대륙 북방민족과 끊임없는 항쟁을 통해 성장한 고구려에서 기마전이 널리 성행했다.

고구려 요동정벌의 비밀병기, 철갑기병

삼국시대 기병의 모습은 출토된 유물을 통해서 유추해 볼 수 있으나 현존하는 고구려 고분벽화를 통해 보다 분명하게 알 수 있다. 고구려인들이 남긴 고분벽화—안악 2호 및 3호

고구려 삼실총 무사

분, 덕흥리 고분 벽화, 약수리 고분 벽화, 쌍영총 및 무용총 벽화—에는 갑주를 착용하고 마상에서 무용(武勇)을 뽐내는 고구려 기병의 모습이 생동감 있게 그려 있다. 벽화에 대한 관찰을 통해 당시 고구려 기병의 무장과 보호 장비에 대해 알 수 있고, 광개토대왕이 벌인 정복전쟁의 비밀병기가 바로 고구려 철갑기병이었음을 알 수 있다. 물론 백제나 신라도 기병을 적극적으로 육성했으나 가장 커다란 위력을 발휘해 요동정벌이라는 위업을 달성한 주인공은 바로 고구려 기병부대였다.

이처럼 삼국이 기병대를 적극적으로 육성하면서 기마용 부속장비, 즉 마구류가 발전했다. 삼국시대 기병이 어떤 마구류를 사용했는지는 쌍영총의 기마 인물도(圖)와 기마 인물형

고구려 무용총 수렵도

토기 등을 통해서 유추할 수 있다. 마구류 중에서 가장 중요한 것은 기사의 안정 유지에 필수였던 안장과 등자(鐙子)다. 안장이 기사의 상체를 전후로 잡아준 데 비해 등자는 좌우로 고정해 주었다. 덕분에 기사는 말과 혼연일체가 되어 양손으로 활을 쏘거나 창을 휘두를 수 있었고, 기병대 고유기능인 돌격을 감행할 수 있었다. 말과 하나 된 기병이 전속력으로 달려와서 부딪혔을 때 분출되는 충격력은 가히 상상을 초월했다.

직접적인 살상무기가 아니면서 전쟁의 역사에 중요한 영향을 미친 도구는 등자다. 초기에 등자는 몸체를 나무로 만들고 발바닥이 닿는 표면에 철판을 덧대어 미끄럼과 마모를 방지했다. 서양에서는 등자의 사용을 중세 1,000년에 걸친 기사시대의 문을 연 원동력으로 보고 이를 무기발달사의 '혁명적 사건'으로 평가하고 있다.

고구려 무용총 벽화의 수렵도에 등장하는 기병의 무기와 장비를 통해 당시 고구려 기병의 무장 상태를 알 수 있다. 좀더 구체적으로는 평안남도 덕흥리에서 발견된 고분벽화에서 광개토대왕과 함께 요동지역을 호령했던 고구려 철갑기병의 모습을 살필 수 있다. 그림에서 기사들은 삼각형 또는 사각형 모양의 철판을 작은 쇠못이나 가죽끈으로 연결해 만든 찰갑(札甲, 쇠미늘)으로 몸을 감싸고 머리에는 철제 투구를 쓰고 있으며, 심지어는 말도 철제 갑옷을 입혔다.

찰갑과 짝을 이루어 철 투구도 제작되었다. 갑옷을 입은 고구려 기병은 머리와 목 부분을 투구로 보호했다. 고구려 기병의 투구는 여러 형태가 있으나 가장 일반적인 것은 상단부가 좁고 하단부가 약간 넓은 긴 철편을 여러 개 이어서 몸통을 만들고 중앙에 사발형 철판을 올려놓아 완성한 '종장판주(從長板冑)'였다. 이러한 반원형 투구 좌우 아래로 철편을 이용해 '볼 가리개'와 '목 가리개'를 덧붙여서 얼굴 옆면과 머리 뒷부분을 보호했다.

고구려의 기병은 자신만 무장한 것이 아니라 온몸을 갑옷으로 감싼 개마(鎧馬)를 타고서 전장에 나갔다. 이처럼 풍부한 철 생산을 바탕으로 정예 철갑기병대를 양성한 고구려는 광개토대왕과 장수왕 통치기에 요동벌판을 호령했을 뿐만 아니라, 거의 반세기에 걸쳐 진행된 수나라 및 당나라와의 전쟁을 승리로 이끌 수 있었다.

그렇다면 기병은 어떠한 훈련을 받았을까? 삼국시대에는 전장 승패의 열쇠를 기병대가 가지고 있었기에 평소 마상무예가 적극적으로 권장되었다. 마상무예의 핵심은 말 타기와 활쏘기가 결합한 기사술(騎射術)이었다. 동이족이라는 명칭에서 알 수 있듯이 삼국시대부터 우리나라는 각궁으로 유명했다. 그러다 보니 주 무기인 활을 중시하게 되었고, 그 기능을

고구려 삼실총 기마전투도

극대화할 수 있는 활쏘기 훈련이 강조되었다. 을지문덕이 한 개의 화살로 날아가는 기러기 여러 마리를 한꺼번에 맞춰 떨어뜨렸다는 일화는 그만큼 활쏘기가 유행하고 중시되었음을 의미한다. 그런데 문제는 말을 타고 달리면서 활로 표적을 명중시켜야만 한다는 점이었다. 이는 평소 기사술이 매우 중시되었으리란 점을 암시한다.

다행스럽게도 삼국시대에 기병들이 어떻게 활을 쏘았는가를 엿볼 수 있는 단서가 남아 있다. 고구려 고분벽화인 무용총의 '수렵도'가 그 주인공이다. 수명의 기마무사들이 활로 노루와 호랑이를 사냥하는 그림인데, 이들의 사냥모습을 살

기병 기창술

펴보면 말을 타고 달리면서 각궁의 활시위를 당기고 있다. 특이하게도 한 명의 기마무사는 안장에 앉은 채 상체만 뒤로 돌려서 활 당기는 모습을 하고 있다. 이러한 활쏘기 방식이 고구려 벽화는 물론 백제나 신라의 유물에서도 발견된 바, 이것이 삼국시대의 전형적인 활쏘기 기법으로 평소 상당한 훈련 없이는 구사하기 어려운 고난도 무예로 보인다.

기병의 또 다른 무기는 창(槍)이었다. 고구려 벽화에서 갑주로 온몸을 감싼 기마무사가 긴 창을 든 모습을 볼 수 있다. 이는 원거리에서는 활을 주 무기로 했으나 실제 접전단계에서는 창으로 승부를 겨루었음을 짐작케 한다. 그렇다면 평소 마상무예인 기창술(騎槍術)이 강조되었음을 알 수 있다. 마상에서 창을 어떻게 휘둘렀는지 오늘날 정확하게 알 수는 없으나 고구려 삼실총의 공성도 벽화의 서로 쫓고 쫓기는 두 기병의 기마전에서 기창술의 한 단면을 엿볼 수 있다. 양손으로 창을 머리 높이까지 치켜세운 자세로 말을 타고 달리면서 상대방을 찌르는 동작과 이를 한 손으로 잡아서 빼앗는 고난도의 기창술이 과시되고 있다.

삼국시대 이후 기병과 그 무기

거의 반세기에 달하는 후삼국시대를 끝내고 서기 918년에 태조 왕건이 송악(개경)에 고려를 건국했다. 이후 약 5백 년에 달하는 긴 세월 동안 고려인들은 거란족, 여진족, 몽골족 등 북방민족과 치열한 생존경쟁을 벌였고, 고려 말에는 홍건적의 침입으로 어려움을 겪었다. 게다가 왜구는 지속적으로 고려를 괴롭힌 골칫거리였다. 이처럼 계속된 외침(外侵)에 대응하면서 고려는 무기를 발전시키고 무예를 연마했다.

고려의 무기와 무예는 기본적으로 삼국시대의 것과 별반 다를 것이 없었다. 후삼국 통일전쟁 시에 왕건은 기병대를 이용해 여러 번 견훤의 후백제 군대를 무찔렀다. 이때 왕건의 기병대는 창, 칼, 그리고 각궁으로 무장했는데, 각궁의 위력은 앞에서 말한 바대로 사정거리가 250m에 달할 정도였다. 막강했던 왕건의 군사력 중에서도 후삼국 통일의 견인차는 효과적인 기병의 운용이었다. 그 덕분에 고려 초에는 자연스럽게 기병 중심의 무예가 주류를 이루게 되었다.

그러나 세월이 흐르면서 기병보다는 보병 위주로 군대조직이 변경되었다. 그러다 보니 보병에 필요한 무기와 무예가 발전하게 되었다. 숙종 대에 이르러 여진족에 대응할 목적으로 일종의 특수부대인 별무반이 설치되면서 재차 기병이 주목받기 시작했다. 별무반을 구성한 신기군(神騎軍), 신보군, 항마군 중에서 신기군이 바로 기병이었던 것이다. 기병 위주로 전투하는 여진족에 대항하기 위해서는 고려군도 기병을 강화해야만 했고 이에 따라 기병에 관한 무예가 발달하게 되었다. 하지만 여진정벌이 끝난 후에 별무반이 해체되면서 기병의 위상도 하락하게 되었다.

그러나 조선왕조에 들어와서 기병은 또다시 강조되었다. 특히 조선 전기에는 주 방어 대상이 북방의 야인들이었기에 기병 중심의 군사조직을 유지해야만 했다. 이러한 연유로 최초 과거시험 때부터 무과에 기병 관련 내용이 포함되었다. 조선의 무과 시험과목은 무예와 강서(講書)로 크게 나뉘었다. 무예는 활쏘기와 창을 쓰는 보병무예 및 기사(騎射)와 격구로 이루어졌고, 강서는 병서와 유교경전을 평가하는 것이었다. 조선시대에, 비록 유희적 성격을 갖고 있었지만, 평소에 기병 훈련방식으로 애용된 것은 격구(擊毬)였다. 이는 서양의 폴로경기와 비슷하게 말을 타고 숟가락 모양의 장시(杖匙)라는 긴 막대기로 공을 치거나 퍼 담으면서 행하던 공놀이로 무과의 정식 과목이었다. 격구 경기에 임하기 위해서는 우수한 기마술은 기본이고 여기에 다양한 마상용 무기를 다룰 수 있는 높은 무예 실력을 갖추고 있어야만 했다. 세종대에는 격구 이외에 털로 만든 공을 마상에서 활로 쏘아 맞히는 모구(毛球)도 효과적인 마상무예 훈련방식으로 유행했다.

실전용으로 기병에게 강조된 무예는 궁술과 더불어 창술이었다. 마상에서 창을 다루는 것이었기에 흔히 기창술로 불렸고, 이는 각종 무예시험에 필수적으로 포함되었다. 실전(實戰)에서 말을 타고 접전을 벌일 때 가장 효과적인 무예가 바로 창술인데 주로 도주하는 적을 추격해 찔러 죽이는 방향으로 발전했다. 평소에 이러한 무예를 숙달시킬 목적으로 조선 초기에 실전용 마상무예의 하나로 고안된 것이 삼갑창(三甲槍)이었다. 이는 여섯 명의 기사들이 서로 편을 나누어 말을 타고 쫓고 쫓기는 상황에서 교전을 벌이는 훈련방식이었다. 무기만 다를 뿐 방식은 비슷했던 삼갑사(三甲射)도 실전용 마상 무예훈련방식으로 애용되었다. 이는 말을 탄 채로 달아나는 적 기병을 활로 쏘아 죽이는 무예로서 평소 상당한 훈련이 요구되는 방식이었다.

그러나 조선 중기 이후 화약무기가 발전하면서 상대적으

로 전통 무기와 무예 개발을 등한시한 결과 창술과 격구를 비롯한 기병의 무예는 쇠퇴했다. 효종 대에 북벌을 준비하면서 요동에서의 전투를 염두에 두고 기병을 육성했으나 효종 사망 이후 흐지부지되었다. 영조 대에 기존의 궁궐 숙위 및 호종의 임무를 담당하던 부대를 개편해 기병 중심의 독립부대인 용호영(龍虎營)을 설치하고 이들을 편곤(鞭棍)으로 무장시키기도 했으나 기병은 더 이상 이전의 위상을 찾지 못했다.

기병 정신의 부활을 꿈꾸다

역사상 우리나라 전쟁은 대부분 성곽(城郭)이나 산성을 거점으로 이루어졌기 때문에 먼 거리에서 적을 공격하는 활과 화살 위주의 무기체계가 발전했다. 그러다 보니 넓은 공간에서 벌어지는 기마전은 북방의 국경지대에서 야인을 상대로 한 소규모 접전을 제외하고는 드물게 이루어졌다. 또한 기병은 보병에 비해 평시 유지비가 많이 소요되었기에 당시 조선의 국력으로는 대규모 기병부대를 장기간 유지하고 운용할 만한 여력이 없었다.

그렇다고 우리나라 역사에서 기병의 역할과 기여를 과소평가할 수 없다. 고구려의 철갑기병에서 알 수 있듯이, 원래 우리는 기마민족으로 만주 대평원을 말을 타고 달리며 호령했다. 비록 고구려가 멸망한 이후 우리 민족의 활동범위가 한반도로 축소되면서 기병의 역할이 줄어들었지만, 북방의 국경을 침탈한 야인들을 물리치면서 꾸준히 역량을 축적하고 관련 무예를 발전시켜 왔다. 특히 조선시대에는 기병의 무예가 무과시험의 필수 과목이 되면서 기병에 대한 관심은 꾸준히 유지되었다. 조선 중기 이후 화약무기가 발달하면서 기병의 위상이 저하되기는 했으나 무과에 응시하려는 자는 반드시 마상무예를 연마해야만 했다. 무과시험장에서 낙마한 이순신 장군이 부러진 다리를 버드나무 껍질로 동여매고 마상무예를 계속했다는 일화는 잘 알려졌다.

조선 후기에는 다른 병종에 비해 더욱 위축되면서 기병의 존재 자체가 희미해졌다. 하지만 기병과 마상무예의 전통은 등락은 있었을지언정 면면히 이어져 내려왔다. 조선 후기에 작성된 전국 말 사육장 분포도를 보면 숫자가 의외로 많다. 우리 군대 역사에서 당당히 한 자리를 차지했으나 세월의 흐름 속에서 잊힌 병종처럼 된 기병의 존재와 그 정신을 재인식할 필요가 있다.

우리의 전통 성곽과 무기

산성의 나라와 그 의미

한반도는 국토의 70% 이상이 산악으로 이루어져 있기에 예로부터 성곽을 축조하고 활용해 수많은 외침에 대응했다. 이를 반증하듯이 삼국시대에서부터 조선 후기에 이르기까지 축조된 성곽들의 흔적을 한반도 전역에서 어렵지 않게 발견할 수 있다. 이는 성곽이 우리 민족의 국방 역사에서 중요한 위치를 차지하고 있음을 의미한다. 시대를 거치면서 국가의 통치자들은 성곽의 축조와 보수에 나름대로 심혈을 기울였다. 이와 함께 국가의 방위체제도 바로 성곽을 중심으로 계획되었고, 성곽을 이용한 방어전술도 발달하게 되었다.

그런데 우리나라의 성은 평지가 대부분인 유럽과 달리 주로 산성의 형태를 이루고 있다. 산의 자연적 형세를 십분 활용한 축성기술을 발전시킨 것이다.

우리 민족은 삼국시대를 제외하고는 다른 나라를 침략한 적이 없었다. 오히려 대부분 침략을 당했기에 공성무기보다는 수성무기가 발전했다. 그러다 보니 이 분야의 무기는 종류도 적고 남아 있는 유물도 별로 없어서 과거 모습을 알기 만만치 않다.

성곽의 의미와 유형

수렵으로 생계를 연명하던 구석기인들은 먹을거리를 찾아 이동해야 했다. 사냥감의 위치가 생존과 직결되었기 때문이다. 하지만 신석기시대로 접어들면서 사람들은 농경생활을 했고, 어로(漁撈)에 유리한 강가나 비옥한 평지에 정착했다. 시간이 흘러 인구가 늘고 지배와 피지배의 위계질서가 형성됐다. 이제 지배자는 자신의 영역과 백성을 지키기 위해서 방어망을 구축했고, 필요시 다른 집단을 공격해 그들을 자신의 지배하에 놓으려고 했다. 바로 이 시기부터 성곽이 모습을 드러내기 시작했다.

우리나라에서는 성곽보다 '성'이라는 표현이 주로 사용됐다. 엄밀하게 구분하면, 성은 내성(內城)을, 곽은 외성(外城)을 의미한다. 하지만 우리나라는 대부분 외성은 없고 성만 축조된 형태로 존재했다. 아마도 산성을 위주로 축성했기에 서양처럼 굳이 외성을 설치할 필요성을 느끼지 못했으리라 여긴다. 초기에는 지형을 이용해 마을 둘레에 흙이나 돌로 둑을 쌓고 구덩이를 파는 원시적인 형태였으나 점차 인구가 증가하고 축성기술이 발달하면서 정교하고 견고한 성들이 등장했다.

지형에 따라 목책 성, 토성, 그리고 산성 등이 등장했다. 목책 성은 말 그대로 통나무를 연결해 담을 만들어 방어하는 형태였다. 고구려·백제·신라 중 상대적으로 개활지가 많았던 백제가 주로 목책 성을 활용했다. 나무였기에 화공(火攻)에 취약하다는 단점이 있었으나 단시간에 설치할 수 있다는 장점이 있었다. 삼국시대 이후에는 목책 성을 찾아보기가 어렵지만, 북방 국경 지역에서 여진족과 대치하고 있던 고려시대에도 필요에 따라 목책 성을 세워서 방어에 이용했다. 특히 임진왜란 시 권율 장군은 행주산성에서 목책을 이용, 이중 방벽을 설치함으로써 왜군의 공격을 효과적으로 저지할 수 있었다.

토성은 말 그대로 흙으로 쌓은 성을 말하며, 자연 여건상 석재가 희박한 지역이나 석재를 얻기 어려운 평지에서 주로 구축했다. 이는 삼국시대부터 고려 말 또는 조선 초까지 석성 못지않게 유행했고, 외침을 막는 데 나름대로 기여했다. 우리나라에서 발견되는 토성은 대부분 흙을 단단하게 다져서 높이를 더하는 방식(판축법, 版築法)으로 만들었다. 대표적으로 백제의 성인 송파의 풍납토성과 부여의 부소산성을 꼽을 수 있다. 사방에 널려 있는 흙을 주재료로 사용했으나 이를 으깨고 반죽해 무너지지 않게 쌓으려면 상당한 노동력과 시간이 필요했다. 무심코 보면 자연적인 구릉지처럼 보이지만 방어작전 수행에 매우 긴요했음을 알 수 있다.

마지막으로 우리나라 성을 대표하는 석성(石城)이 있다. 석성이란 말 그대로 석축으로 쌓은 성을 말한다. 한반도 지형은 단단한 화강암으로 이루어져 있기에 축성에 필요한 석재를 쉽게 구할 수 있었다. 이러한 이점 덕분에 석성은 삼국시대부터 조선 후기에 이르기까지 우리나라 성곽의 주류 역할을 해왔다. 토성에 비해 석성은 무거운 돌을 깎고 다듬어서 이를 약 15도 경사로 축석해야만 했기에 공사하기가 어렵고 사고의 위험도 높았다.

세월이 흐르면서 석성도 발전했다. 17세기 이후 대포의 위력이 향상되면서 석재만으로는 포격에 취약했기에 외측에는 석재를 그리고 내측에는 흙을 쌓았고, 18세기에 들어서면서 석재와 벽돌을 혼용했다. 석재는 포격을 받았을 때 성이

한꺼번에 무너질 우려가 있지만, 벽돌은 포격을 받은 부분만 떨어져 나갈 뿐 성이 와해되는 경우가 드물었기 때문이다.

조선 중기 이후 축성된 읍성은 목책 성이나 토성처럼 평지에 지은 성이지만 우리나라의 성은 대부분 거주지에 근접한 산등성이에 쌓은 산성이었다. 산성은 적군이 반드시 통과해야만 하는 지리적 요충지지만, 생활 근거지에 인접하면서도 유사시에 신속하게 입성해 적군에 맞설 수 있는 유리한 지형에 축성했다. 이러한 산성에서 한반도의 자연조건을 십분 활용한 선조들의 지혜를 읽을 수 있다.

또한 선조들은 산에 천편일률적으로 성을 쌓은 것이 아니었다. 산세(山勢)를 보고 이에 가장 적합한 모양으로 성을 축

조했던 것이다.

산성을 축조하는 대표적인 방식은 산의 7~8부 능선을 돌아서 성을 쌓는 '퇴뫼식'과 성 안에 한 개 또는 그 이상의 계곡을 감싸면서 축성하는 '포곡식'이 있다. 전자가 상대적으로 규모가 작아 주로 단기전투에 쓰였다면, 후자는 성 안에 우물이 있고 활동공간도 넓어서 장기전투에 적합했다.

그런데 이렇게 성만 축조하면 외적의 침략을 막을 수 있었을까? 아니다. 성은 단순히 장애물을 설치한 정도에 불과할 뿐이며, 각종 수성무기와 결합할 경우에 진정한 위력을 발휘할 수 있었다.

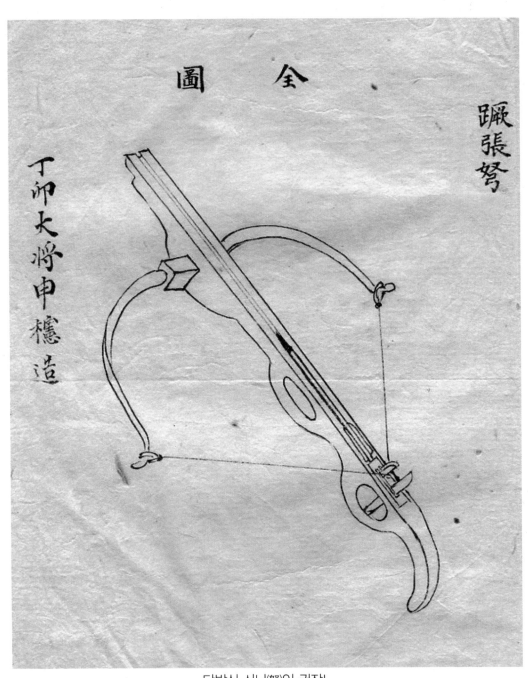

全圖

蹶張弩

丁卯大將申櫶造

단발식 쇠뇌(弩)인 궐장노

성곽을 공격하고 지킨 무기들

성곽이란 축성만 해 놓아서는 아무런 전술적 가치가 없다. 외적이 침입했을 때 신속하게 그곳으로 들어가서 성을 지켜내야 하며, 반대로 적의 영토를 쳐들어갔을 때는 성을 함락시켜야만 했다. 우리나라 5,000년 역사에서 산성을 둘러싼 공방전이 가장 치열하게 벌어진 것은 삼국시대였다. 특히 한강 유역은 삼국의 주요 전장이었다. 따라서 이 시기에 성을 공격하는 무기와 수성에 동원된 무기가 많이 제작되었고 오늘날까지 전해지고 있다. 근접하는 적군을 향해 돌을 발사한 석포(石砲), 기계의 힘으로 대형 화살을 발사한 쇠뇌, 성벽을 기어오르는 적병을 베는 무기인 갈고리창이나 양지창, 철 낫, 그리고 적 기병의 활동을 억제하기 위한 마름쇠 등은 당대의 대표적인 공성 및 수성용 무기다.

대포가 등장하기 이전 공성전과 수성전에서 위력을 발휘한 무기는 투석기인 석포였다. 삼국시대에 삼국은 모두 별도의 석포부대를 설치해 운용할 정도로 공성전에서 석포는 필수적인 무기였다. 석환을 멀리 날려 보낸 포는 공성전에서는 적군의 성벽을 부수기 위해서, 수성전에서는 몰려드는 적군을 와해시키기 위해서 사용되었다. 석포는 저울대처럼 생긴 투석기의 한쪽 끝에 돌을 담고 나머지 한쪽 끝에 밧줄을 달아 이를 인력으로 당기거나 중세시대 서양의 트레뷰셋처럼 무거운 추를 달았다가 떨어뜨리는 방식으로 돌을 날려 보내었다. 또한 서양에서 석궁이라 불린 쇠뇌는 기계력을 이용해 커다란 화살을 발사했으나 성벽을 부수는 용도보다는 인마 살상용으로 활용되었다.

이외 무기들은 성 안에서 가해지는 석포나 쇠뇌의 공격을 이겨내고 성벽에 접근한 적군을 제압하기 위한 용도로 사용되었다. 갈고리 창은 성벽을 기어오르는 적병을 걸거나 찍기 위해서, 양지창은 사다리를 타고 성벽을 기어오르는 적병을 찌르기 위해서, 그리고 철 낫은 성벽을 오르는 적병을 걸어 베는 데 주로 사용되었다. 결사항전에도 불구하고 성이 함락되었을 때 방어군은 성 안의 중요 건물에 불을 지르고 적군이 사용할 만한 무기들을 땅속에 파묻고 도주하거나 항복했다. 기록에 의하면, 삼국은 모두 공성 및 수성 전담부대를 편성해 운용할 정도로 공성전의 비중이 매우 높았다.

삼국시대 이외에 우리 민족이 성곽전투를 벌인 것은 고려시대였다. 세계적 강국으로 성장한 몽골은 기병 중심이라는 단점을 보완하기 위해 정복 지역의 군사기술을 적극적으로 수용했다. 특히 한족이나 거란족 및 여진족 군대를 혼합 편성해 보병부대를 보완했고, 무엇보다도 공성전에 필요한 무기와 장비를 크게 보강했다. 몽골군은 고려 침략 시에 다양한 공성무기를 동원했다. 예를 들어 커다란 수레 위에 높은 누각을 올리고 그 위에 병사들이 올라가 성벽이나 성 안을 내려다보면서 활을 쏘거나 창을 던졌던 누거(樓居), 성벽을 무너뜨리기 위해 무거운 석환을 발사하는 데 사용된 발석차, 그리고 높은 성벽을 공격하기 위해서 동원된 긴 사다리였던 운제(雲梯) 등을 대표적 공성무기로 꼽을 수 있다.

이러한 우수한 공성무기로 무장한 몽골군에 고려는 어떻게 대응했을까? 철저한 수성작전으로 몽골의 줄기찬 공격을 막아냈다. 이는 『고려사』에 기록된 몽골군 1차 침입 당시 귀주성 전투를 통해 엿볼 수 있다. 몽골군이 누거, 대포차, 운제 등 당대의 최신 공성무기를 동원해 귀주성을 공격하자 박서 장군은 성벽 위에서 쇳물을 부어 적의 공성무기를 불태우고, 적군이 화공을 펼치면 성벽 위에

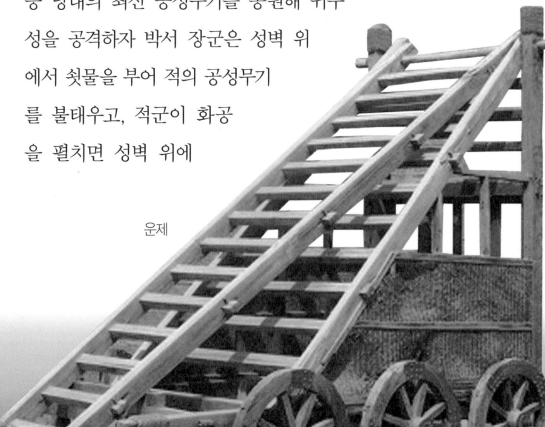

운제

물을 저장했다가 이를 쏟아 부어 소화(消火)하는 방식으로 대응했다. 또한 성안에서 병사들은 활을 쏘고, 훈련받은 특수병력이 포를 사격하면서 몽골군의 공격에 항전했다. 결국 한 달여에 걸친 공방전을 치르고도 몽골군은 성을 함락시키지 못하고 퇴각하고 말았다.

삼국시대 이래로 우리 민족은 다른 나라를 침략하기보다는 그 반대의 경우가 많았기에 공성무기는 거의 발전하지 못했다. 조선시대에도 북방의 국경지대에서 벌어진 야인들과의 간헐적인 접전 이외에 조선 중기 이전까지 내세울 만한 전투를 경험하지 못했다. 임진왜란 초기에 부산진성과 동래부성에서 벌어진 왜군과의 전투 장면을 보면 조선군은 성벽 위에서 활을 쏘거나 창으로 찌르고 돌맹이를 집어던지는 방식으로 대항하고 있다. 조선시대에 사용된 수성전 무기로는 적 기병의 돌격을 저지하기 위해 끝이 날카로운 창을 여러 개 겹쳐 묶어서 세워놓은 거마(拒馬), 성벽 주위나 적의 도하지점에 뿌려놓아 적 기병의 행동을 제약한 네 개의 뾰쪽 날을 가진 마름쇠, 오늘날 화학무기 같은 기능을 가진 석회 주머니, 그리고 성벽 위에서 적군을 향해 단단한 작은 돌을 집어던지는 투석 등을 꼽을 수 있다. 역사상 조선이 주도적으로 벌인 공성전이 거의 없었던 탓에 대형 공성 및 수성 무기는 개발되지 못했다.

최무선과 화약무기 시대의 개막

화약, 무기체계의 패러다임을 바꾸다

수년 전에 〈아바타〉라는 영화가 개봉되어 크게 유행한 적이 있다. 판도라라는 행성에서 주변 자연환경과 교감하며 평화롭게 살던 나비족을 탐욕에 물든 인간들이 강제로 쫓아내려고 하자 아바타인 주인공이 나비족과 합세해 침입자들을 몰아내고 자연과 평화를 지킨다는 줄거리다. 그런데 이 영화에서 각종 첨단화약무기로 무장한 인간의 공격에 나비족은 활과 창 같은 원시무기로 대응하고 있다. 물론 영화에서는 근력무기를 가진 나비족의 승리로 결말이 났지만, 이는 영화에서나 가능할 뿐 현실에서는 결코 일어날 수 없다. 즉, 인간 근육의 힘을 이용한 재래식 무기는 화약(火藥)이라는 신무기의 상대가 될 수 없음을 역사가 입증하고 있다.

화약무기에 대한 고찰 이전에 우선 화약에 대해 살펴볼 필요가 있다. 화약이 없다면 화약무기는 단순한 고철덩어리에 불과하기 때문이다. 흔히 화약은 중국에서 최초로 만들어진 것으로 알려졌다. 2008년 베이징 올림픽 개막공연에서 중국인들은 인류 문명의 4대 발명품인 종이, 나침반, 인쇄술, 그리고 화약을 전 세계에 자랑한 바 있다. 원래 화약은 진시황제가 불사약을 구하는 과정에서 발견되었기에 '약(藥)'자를 쓰게 되었다고 한다. 하지만 기록상으로는 1044년에 발간된 『무경총요』에 제조법이 처음으로 소개됐다. 19세기 중엽에 무연화약이 개발되기 이전까지는 흑색화약이 화약을 대표했다. 이는 초석(75%), 유황(10%), 그리고 목탄(15%)을 혼합한 것으로 색깔이 검고 폭발 시 시꺼먼 연기가 났기 때문에 그렇게 불렀다.

처음에 중국인들은 화약을 무기가 아니라 불꽃놀이용 재료로 사용했다. 하지만 전쟁무기로써 유용성을 깨닫게 된 그들은 화약제조법을 국가 기밀로 정하고 유출을 엄격하게 통제했다. 따라서 고려를 비롯한 중국의 주변국들은 비싼 가격을 주고 화약을 구입할 수밖에 없었다. 그러다 고려는 자체적으로 화약을 제조할 수 있게 되었고, 그 중심에 우리나라 '화약의 아버지'라고 불리는 최무선(崔茂宣, 1328~1395)이 있었다. 그는 1380년경에 화약제조법을 알아내어 화약의 국산화에 기여했음은 물론, 각종 화기를 제작해 우리나라 화포발달사에 획을 긋게 되었다.

최무선의 생애와 화약제조법 개발

최무선의 출생과 행적에 대한 기록은 극히 드물다. 그의 이름은 『고려사』와 『조선왕조실록』 등에 매우 드물게 나올 뿐 그의 생애를 구체적으로 서술한 기록은 없다.

최무선은 1328년에 오늘날 경북 영천시 부근에서 관리들의 봉급 지불을 관장한 광흥창 책임자 최동순의 아들로 태어났다. 그의 어린 시절에 대한 기록은 거의 없으나 고려 말의 역사적 상황을 통해서 그가 청소년기에 어떻게 화약을 접하고 이의 중요성을 깨닫게 되었는가 유추해 볼 수 있다.

그가 활동한 1330년부터 1380년까지는 격동기였다. 오랫동안 원나라의 예속하에 있던 고려 조정의 통치체제는 불안정한 상태였고, 당시 원의 영향력이 약화되면서 고려사회의 혼란은 더욱 심각해졌다. 중앙정부가 이렇다 보니 해안에는 왜구들이 출몰해 극성을 부리는 통에 백성의 삶은 극히 피

최무선 초상화

폐해졌다. 부친 덕분에 개경에서 생활한 최무선은 이러한 시대적 흐름을 직접 체험할 수 있었다. 무엇보다도 당시 남해안에 출몰해 약탈을 일삼던 왜구들의 잔학상과 이들이 끼친 피해에 대해 절감하게 되었다. 부친이 전국에서 개경으로 올라오는 세수미를 관리하는 직책에 있었기에 최무선은 젊은 시절부터 자연스럽게 왜구에 대해 강한 적개심과 토벌에 대해 강한 집념을 갖게 되었다.

왜구 토벌을 고심하던 최무선에게 해결책으로 떠오른 것이 바로 화약이었다. 중국에서는 이미 송나라 초기인 10세기 무렵부터 화약을 제조하고 이를 이용한 화기를 사용하고 있었지만, 제조기술은 극비에 부쳐졌기 때문에 알아낼 방도가 없었다. 그러한 이유로 화약은 14세기 초 공민왕 대에 이르러서야 고려에 전해지게 되었다. 당시 왜구의 극성으로 골머리를 앓고 있던 고려 왕실은 화약의 필요성을 느끼고 중국에 사신을 보내 끈질기게 화약 공급을 요청했다. 마침내 1372년(공민왕 21)에 간신히 중국으로부터 염초와 유황 등 화약제조에 필요한 원료를 얻어낼 수 있었다. 이는 최무선이 화약을 제조하기 이전에 이미 화약의 구성 물질에 대한 기초지식은 어느 정도 알려졌었음을 의미한다.

그러나 문제는 화약의 주원료 중 하나인 염초를 추출하는 방법과 이를 유황, 목탄과 혼합하는 비율을 알지 못했다는 점이었다. 최무선은 바로 이점을 해결해 화약의 국산화에 성공했던 것이다. 염초는 절간이나 부뚜막, 또는 온돌바닥의 흙을 모아서 물에 탄 뒤 이를 가마솥에 넣어 끓이는 방식으로 얻을 수 있었다. 그런데 이것을 알아내는 과정이 만만치 않았다. 화약제조에 노심초사하던 최무선은 곧 염초 제조라는 난관에 부딪혔다. 이를 해결하기 위해 다각도로 노력하던 중

당시 상거래 차 고려에 온 이원(李元)이란 중국 상인(원래 염초 제조기술자였음)을 통해 염초 제조비법과 화약 원료의 혼합비율을 알아낼 수 있었다. 드디어 화약을 자체 생산할 수 있는 길이 열리게 된 것이었다.

화약무기 제작과 실전 활용

화약제조법을 터득한 최무선에게 남은 문제는 '어떻게 이를 활용해 왜구를 토벌할 것인가?'였다. 이 문제는 의외로 쉽게 해결되었다. 최무선의 명성을 전해 들은 고려 왕실에서 1377년 말 개경에 '화통도감'을 설치하고 그를 책임자로 임명했던 것이다. 최무선은 왕실의 재정적 지원으로 화약을 사용할 수 있는 각종 화기를 제작하는 데 심혈을 기울였다. 『태조실록』에 의하면, 그는 화통도감에서 다양한 화약무기를 만들었다. 물론 그가 만든 무기들이 당대의 무기체계를 크게 바꿀 정도로 엄청난 것은 아니었다. 하지만 그동안 고려 군대가 주로 의존하고 있던 활이나 창 같은 근력무기에 비한다면, 화약무기의 출현은 대단한 변화였다.

화약무기는 고려 수군에 중요한 영향을 끼쳤다. 화약무기를 사용함으로써 전술상 커다란 진전을 이룰 수 있었기 때문이다. 당시 고려 수군의 재래식 무기와 당파전술(撞破戰術,

뱃전을 적선에 충돌시켜 적선을 파괴하거나 피해를 주는 전술)만으로는 기습적으로 해안가에 상륙해 약탈한 후 빠르게 도망치는 왜구에 제대로 대응할 수 없었다. 하지만 화약무기가 도입되면서 고려 수군은 함선에 설치된 화포로 원거리 함포사격을 가할 수 있게 되었다. 기동성 때문에 얇은 나무판자로 건조된 왜선은 함포 공격에 취약했다.

고려 수군이 보유한 함포의 우수한 성능을 입증하는 데는 오랜 시간이 걸리지 않았다. 1380년(우왕 6) 8월에 벌어진 진포(금강 입구) 해전에서 고려 수군은 500여 척의 선박으로 침략해 육지에서 노략질을 벌이고 있던 왜구에 대응해 화포를 활용한 전술로 대승을 거두었던 것이다. 당시 최무선의 고려 수군 전력은 함선 100여 척에 불과했으나 화포로 무장한 덕분에 완승을 거둘 수 있었다. "시체가 바다를 덮었고, 피의 물결이 굽이칠 정도였다."라는 『고려사』의 기록을 통해 당시 고려군이 거둔 압승 장면을 유추해 볼 수 있다. 실제로 500여 척에 달했던 왜선은 거의 불탔고, 배에 타고 있던 2만여 명의 왜구들도 대부분 죽음을 면치 못했다.

화약을 제조하고 화약무기를 개발해 왜구의 침탈로부터 백성을 지키는 데 기여한 최무선은 1395년 4월 67세의 나이로 세상을 떠났다. 그에게는 아들이 한 명 있었는데, 그가 바로 조선 초기 태종과 세종 대에 화약무기 전성시대를 연 최해산(崔海山, 1380~1443)이었다. 부친 사망 시 겨우 15살에 불과했던 그는 부친의 유지를 받들어 화약전문가가 되었고, 마침내 조선 초기인 1401년(태종 1)에 군기시의 관리로 특채되어 화약무기 개발을 주도했다.

조선의 개인화기

총통(銃筒), 개인화기의 시대를 열다

조선시대 화기의 대명사인 총통은 손으로 직접 화약선에 불을 붙이는 지화식 화기였다. 총통은 크기별 또는 점화 방식별로 분류되었다. 하지만 이 장에서는 크기에 따라 소형화기와 대형화기로 나누고, 그중에서 소형화기, 즉 개인화기에 대해 살펴보고자 한다.

고려 말 최무선의 주도로 발전을 거듭하던 화약무기는 여말선초의 혼란기에 주춤하는 양상을 보였다. 수백 년간 지속하던 왕조가 어느 날 바뀌었는 바 그것이 당대인들에게 미친 충격을 생각할 때 충분히 짐작할 수 있는 일이다. 초기의 혼란을 수습하고 새로운 왕조가 안정을 되찾으면서 국방에 대한 관심이 높아졌고, 화약무기 개발에도 박차를 가하게 되었다. 이에 시동을 건 인물은 조선의 3대 국왕 태종이었고 그의 의지를 실천으로 옮긴이는 최무선의 아들 최해산이었다. 부자(父子)가 왕조를 달리하면서 화기개발의 주역으로 활약했던 것이다. 최해산은 부친이 '화통도감'을 이끌었던 것처럼, 1417년에 왕명으로 '화약제조청'을 설치해 화약제조와 화기의 개량에 심혈을 기울였다.

조선 고유의 개인화기, 세총통(細銃筒)

화약무기가 가장 비약적으로 발전한 것은 세종 대에 이르러서였다. '과학 군주'이기도 했던 세종의 깊은 관심 속에서 전대(前代)의 발전을 밑거름으로 무기개발의 꽃을 활짝 피우게 되었다. 이 시기에 화기개발의 방향은 북방 영토개척과 맞물려 있었다. 압록강과 두만강 유역에 거주하면서 지속적으로 함경도와 평안도 일대에 침입해 소란을 일삼던 여진족을 토벌하

세총통

고 영토를 확장하는 데 필요한 화약무기의 개발에 주력했던 것이다. 따라서 조선 초기에 각종 화기가 개발되었는데, 이들 중 가장 주목을 받은 것은 북방의 험준한 지형에서 효과적으로 사용할 수 있던 휴대용 개인화기였다.

이러한 요구에 적절하게 맞아떨어진 무기가 바로 세총통이었다. 명칭에서 짐작할 수 있듯이 길이 14cm, 구경 0.9cm로 화기 중 초소형에 해당했다. 그렇다면 어떻게 이러한 초소형무기를 발사할 수 있었으며, 그 위력은 어느 정도였을까? 전통시대에 개발된 개인화기들은 대부분 병부(柄部)라는 화기 손잡이 부분에 나무자루를 끼우고 이를 어깨 사이에 넣어 고정시킨 후 다른 한 손으로 화약선에 불을 붙여 사격했다. 그런데 화기의 길이를 줄여야겠다는 의도가 강했는지 세총통에는 나무자루를 끼워 넣을 수 있는 병부가 아예 없고 약실 끝 부분에서 마감된 모양새다.

그렇다면 어떻게 사격했을까? 이를 해결하기 위해 만든 것이 바로 쇠 집게 모양의 '철흠자(鐵欠子)'라는 사격보조기구였다. 세총통은 약실에 일정량의 화약을 넣고 세전(細箭)이라 불린 작은 화살을 총신에 장전한 다음 약실과 총신 중간 부분을 철흠자로 잡고 사격했던 것이다. 우리는 세총통을 통해서 당시 조선의 높은 과학기술 수준을 엿볼 수 있다. 세총통을 고정하는 철흠자의 경우 웬만한 금속기술로는 흉내조차도 내기가 어려울 정도로 정교하기 때문이다.

이토록 화기의 경량화를 추구한 이유는 무엇일까? 개인화기는 휴대가 간편해야 하는데, 그러려면 화기의 크기와 무게를 줄여야만 한다. 무게가 많이 나가면 휴대가 불편하고 발사 시에도 겨드랑이와 손목에 상당한 충격을 주기 때문이다. 또한 과도하게 길 경우 활이나 창 같은 다른 휴대무기들과 뒤엉켜서 적시(適時) 사격에 어려움이 많다. 이러한 문제를 일거에 해결했던 무기가 바로 세총통이었다. 덕분에 병사 한 명이 30개의 세총통을 미리 장전해 휴대하고 있다가 적군과 접전 시에 사용할 수도 있었다.

세총통이야 말로 조선만의 독특한 개인화기였다고 평가할 수 있다. 화기가 작아서 잘 보이지도 않고 어디에선가 큰 소리도 없이 화살이 날아온다면 상대방은 소름이 끼칠 것이다. 세총통과 보조기구에 대한 상세한 내용은 『국조오례의서례』

의 「병기도설」에 기록되어 있다.

최소량의 화약으로 최대의 살상력 얻기

화약 발명 이래로 이를 무기화하려는 시도는 동서양이 동일했으나 방법 면에서는 본질적으로 차이가 있었다. 그리고 이는 세월이 한참 지난 뒤 동서양 무기의 성능에 중요한 격차를 초래했다. 서양은 처음부터 화약의 폭발력을 이용해 총탄을 발사하는 방향으로 무기발전이 이루어진 데 비해 동양 및 조선은 화약을 전통 무기인 화살과 결합해 사용했던 것이다. 당시에는 총신의 강도가 약해서 화약 분량이 많을 경우 파열되는 경우가 많았고, 무엇보다도 철환을 넣고 사격했을 시 힘이 제대로 전달되지 못해서 사거리가 짧았던 것이 이유였다. 이에 비해 화살은 사거리가 길었고 표적에 대한 정확성도 높았다. 결과적으로 서양은 사격에 필수적인 방아틀뭉치 개발에 집중한 반면, 조선은 소량의 화약으로 다량의 화살을 먼 거리까지 발사할 방법을 찾는 데 주력했다. 지속적인 기술개발을 통해 마침내 1445년(세종 27)에 '일발다전법(一發多箭法)'이라고 불린 새로운 사격법을 완성하는 데 성공했다.

화약무기의 핵심은 화약이었다. 비록 고려 말에 최무선의 노력으로 화약제조법을 습득했으나 화약을 만드는 데 가장 중요한 원료였던 염초는 다량으로 얻기 어려웠다. 그러다 보니 당연히 화약은 매우 귀중한 군수물자가 되었고, 가능한한 아껴서 사용해야만 했다. 이 문제를 해결할 수 있는 방법은 두 가지였다. 우선 화약의 성능을 향상시켜 소량으로도 동일한 사거리를 얻는 것이고, 다음으로 동일한 분량의 화약으로 여러 발의 화살을 발사하는 것이었다. 그런데 화약의 성능을 높이는 문제는 과학 지식이 필요한 것으로 해결하기 어려웠기에 후자의 방법을 찾는 데 주력했다. 이는 화기 사격술의 개선으로 어느 정도 해결할 수 있었기 때문이다.

한 번에 여러 발의 화살을 날린다, 팔전총통(八箭銃筒)

한 번에 다량의 화살을 사격할 수 있는 무기로는 세종 대에 만들어진 사전총통과 팔전총통을 꼽을 수 있다. 1448년(세종 30)에 발간된 『총통등록』에 의하면, 화기의 명칭대로 전자는 4발, 후자는 8발의 작은 화살을 일거에 발사할 수 있

사전총통

었다. 총신 하나에 4~8발의 화살을 넣고서 사격했을 때 과연 화살 전체가 발사되었을까 하는 의문을 가질 수 있다. 발사된 여러 발의 화살이 동일한 궤적을 이루면서 날아가도록 하는 문제는 결코 만만한 일이 아니었다. 물론 부단한 훈련과 사격술 개발로 가능했으리라 짐작된다.

한 번에 여러 발의 화살을 날려 보낼 수 있었던 데는 중요한 비밀이 숨겨져 있었다. 바로 격목(隔木)을 끼워 넣을 수 있는 격목부 설치였다. 이는 약실 속에 넣은 화약의 폭발력을 최대한 활용하려는 고심 끝에 개발된 기술이었다. 약실이 폭발할 때 발생하는 연소가스 유출을 방지하고 압력을 한 방향으로 고르게 미치도록 해서 화기의 성능을 높이려는 시도였다. 총신과 약실 사이에 있는 격목부에 격목을 끼워 넣음으로써 문제를 해결하고 화살의 사정거리를 연장할 수 있었던 것이다. 조선시대의 화기를 보면 총신의 내부구조가 무격목형, 격목형, 그리고 격목부를 없애고 총신의 굴곡을 제거한 토격형 순으로 발전해 온 것을 알 수 있다.

조선군의 주력 개인화기, 승자총통(勝字銃筒)

그렇다면 화약의 힘으로 날려 보낸 것이 화살만이었을까? 물론 초기에는 주로 화살을 사용했으나 근본적으로는 총신의 구조가 굴곡져 있던 연유로 화살 이외에 다른 발사체를

승자총통

사용할 수 없었다. 하지만 내부구조가 상하 평행인 토격형 총신 제작이 가능해지면서 화살은 물론 철과 납으로 만든 탄환도 발사할 수 있었다. 휴대의 간편성, 살상력, 그리고 비용의 측면에서도 화살보다는 철환을 발사하는 것이 유리했다. 이러한 변화가 주류를 이루기 위해서는 세종 대로부터 한 세기 이상을 더 기다려야만 했다. 즉, 임진왜란 직전인 선조 대에 경상병사를 지낸 김지(金墀)가 개발한 승자총통이 바로 그 주인공이었다.

승자총통은 대표적인 토격형 개인화기였다. 이전 총통은 격목을 사용해 상황에 따라 발사체로 화살과 철환을 번갈아 사용했으나, 승자총통은 오로지 철환만을 발사하도록 고안된 토격형 화기였기 때문이다. 기록에 의하면, 승자총통은 한꺼번에 철환 15개를 발사할 수 있었고, 무엇보다도 이전의 총통에 비해 총신이 길어 사거리가 무려 600보에 달할 정도로 성능이 우수했다. 비록 화승식 점화장치에 상대적으로 무게가 가벼웠던 조총(鳥銃)에 비해 열등한 무기로 인식이 됐지만, 임진왜란 초기에 조선군이 사용한 개인화기의 주종은 바로 승자총통 계열이었다. 구경과 크기에 따라서 소·중·대 승자총통으로 발전했고, 이외에도 차승자 총통이나 별승자 총통 등이 개발되었다.

기병용 개인화기, 삼안총(三眼銃)

임진왜란 당시 조선군의 또 다른 중요한 개인화기로 삼안총을 꼽을 수 있다. 삼혈총(三穴銃)이라고도 불린 이 화기는 말 그대로 하나의 손잡이에 세 개의 총신 또는 총구멍이 결합한 모양새다. 17세기에 수석식(燧石式) 화기가 사용되기 이전까지 지화식(指火式) 화기의 최대 애로사항은 한 발을 사격하는 데 걸리는 시간이 너무 길다는 점이다. 즉 약실의 심지가 타들어가서 점화화약에 불이 붙는 시간, 한 발을 사격한 후 다시 장전하는 데 걸리는 시간이 너무 길어 적 기병대의 공격에 속수무책이었다. 따라서 여러 발을 동시에 또는 시차를 두고 사격할 수 있는 방법을 궁리했고, 이러한 요구에 부합한 것이 바로 삼안총이었다.

원래 삼안총은 임진왜란 도중에 중국으로부터 전래됐다.

삼안총

아마도 조선에 파병된 명나라 군대의 화기 중 하나였으리라 짐작된다. 당시 조선군은 왜군의 조총에 속수무책으로 당하고 있던 터라 당장 제작하기 어려운 조총 대신 위력은 뒤지지만 상대적으로 만들기 수월했던 삼안총을 주목하게 되었다. 『선조실록』을 비롯한 당대의 기록물에 간혹 삼안총을 언급하는 것이 이를 반증한다고 볼 수 있다. 현존하는 삼안총에 새겨진 명문을 통해서도 이것이 승자총통과 함께 임진왜란 중 사용된 조선군의 주력 개인화기였음을 알 수 있다.

또한 삼안총은 승자총통 등 당대의 다른 개인화기에 비해 가볍고 총신이 길지 않아(전장 약 40cm) 기병용 무기로 활용됐다. 마상에서는 한 발을 사격한 다음 재장전해 사격하기가 매우 어려웠기에 연속사격의 필요성이 절실했으며, 세 발을 연속해 쏠 수 있는 삼안총이야말로 제격이었던 것이다.

현대판 다연장 로켓포, 신기전과 화차

한국형 로켓무기 신기전, 하늘을 날다

인류는 지구 상에 살기 시작한 초기부터 어떠한 형태로든 무기를 갖고 다녔다. 사냥으로 배고픔을 해결하기 위해서였으며, 더 나아가 맹수나 적대적인 다른 인간의 위협에 대항해 목숨을 부지하기 위해서였다. 따라서 근력무기의 시대에는 신체적으로 크고 강건한 자가 어깨에 힘을 주고 다닐 수 있었다. 『삼국지』에 등장하는 수많은 장수가 하나같이 덩치가 크고 수십 합을 겨루어도 지치지 않는 강인한 체력의 소유자였던 것도 바로 근력시대였기에 가능한 일이었다. 바로 체격과 체력이 개인의 출세와 부귀까지 좌우하던 시대였던 것이다.

그러나 13~14세기부터 화약이 사용되면서 양상은 바뀌었다. 이제는 힘이나 체력보다 머리나 손재주가 중시되는 시대가 되었다. '어떻게 하면 화약의 폭발력을 가장 효율적으로 활용할 수 있을까?' '어떻게 하면 소량의 화약으로 보다 강한 폭발력을 얻을 수 있을까?' 하는 점이 관심사가 되었다. 그리하여 앞에서 살펴본 것처럼 다양한 화약무기가 개발되었다.

그런데 이러한 화약무기 중에서 무엇보다도 특이한 것은 스스로 날아가는 무기였다. 다른 화약무기는 화약의 힘으로 총신에서 분리된 총탄이나 석환 등이 날아간 데 비해, 이는 무기 자체가 이동해 목표물을 타격했던 것이다.

그 대표적인 것이 '신기전'이었다. 이는 발사 재현시범이 여러 번 매스컴을 통해 방영됐고 영화로도 제작되어서 대중에게 잘 알려졌다. 신기전은 조선의 화약무기 전성기였던 세종대에 그 위력을 발휘했다. 1448년(세종 30)에 신기전이라는 용어가 처음 기록된 이래 발전을 거듭해 1474년에는 여러 종류의 신기전으로 세분화되어 목표물의 특성에 따라 선별적으로 사용되었다.

그렇다면 이러한 로켓형 화약무기는 세종 대에 처음 등장한 것일까? 그렇지 않다. 신기전의 원조격인 '주화(走火)'는 이미 고려 말 최무선에 의해 '화통도감'에서 만들어졌다. 긴 화살대의 전면에 매달린 화약통의 점화선에 불을 붙이면 화약이 타들어가면서 가스가 뒤로 분출되고 그 힘으로 화살이 날아가는데, 그 모습이 달려가는 모양을 닮았다고 해 '주화'라고 불렀다. 화약통은 종이를 여러 겹으로 말아서 만들었기에 통 내부의 화약가루에 불이 붙으면 여지없이 타들어 갔다.

이 놀라운 발명품은 1387년 화통도감이 문을 닫으면서 제대로 위력을 발휘하지도 못한 채 사장(死藏)되고 말았다. 그러다가 북방개척이라는 국가적 과제를 수행하기 위해 신무기 개발에 심혈을 기울이던 세종 대에 여진족 정벌 시 효과적인 무기로 주화가 주목을 받았다. 이때 모양은 기존의 주화와 유사하나 이를 보다 발전시켜서 그 명칭을 신기전으로 바꾸었다.

신기전에 관해 알 수 있는 유일한 기록물인 『국조오례의서례』의 「병기도설」에 의하면, 신기전은 네 종류―대신기전, 산화신기전, 중신기전, 소신기전―로 발전하였음을 알 수 있다. 근본적으로는 화살의 길이와 화살에 부착된 발화통의 크기가 종류를 나누는 가장 중요한 기준이었다.

대신기전은 말 그대로 신기전 중에서 가장 길었다. 발사체격인 대나무 화살의 길이가 무려 5.6m에 달했고, 무게도 최대 5.5kg에 육박했다. 이처럼 길고 무거운 화살을 날리려다

중신기전

소신기전

보니 부착된 화약통의 길이도 약 0.9m나 되었다.

추진체 역할을 하는 화약통은 탄두 부분에 발화통을 장착하고 양쪽에 조그만 구멍을 뚫어서 약선(藥線)으로 연결했다. 목표지점에 다다랐을 때 발화통을 자동으로 폭발시키기 위한 조치였다. 발화통 안에는 화약과 함께 쇳가루가 섞여 있어서 공중에서 발화통이 폭발했을 때 쇳가루가 사방으로 분산되는 파편 역할을 했다. 화약불의 열기로 한껏 달구어진 쇳가루가 적의 얼굴이나 몸에 박혔을 것으로 생각하면 신기전의 위력은 대단했으리라 짐작된다. 대신기전은 주로 강폭이 넓은 압록강 하구에서 강 건너편의 여진족 진영을 향해 발사했다. 사거리가 최대 2km에 달했기에 화살이 충분히 강을 건너 적진에 도달할 수 있었다.

'불을 흩어놓는 신기전'이라는 의미의 특이한 이름을 가진 산화신기전은 무게가 최대 5kg에 길이가 5.3m에 달했고, 추진체인 화약통의 길이는 약 0.7m였다. 대신기전과 제원이 비슷했으나 용도 면에서는 큰 차이가 있었다. 대신기전의 응용

품에 해당하는 산화신기전은 약통 상단부에 발화통 대신 지화통과 소형 종이폭탄인 소발화통을 서로 묶어서 점화선으로 연결해 놓은 모양이었다. 따라서 신기전이 목표 지점에 도달하면 점화선에 불이 붙고 이것이 소발화통을 폭발시켰다. 바로 머리 위에서 소형 폭탄이 일시에 전율적인 소리를 내면서 폭발했기에 이러한 무기를 이전에 접해본 적이 없던 여진족 군사들은 혼비백산했다.

중신기전은 전체 길이가 약 1.4m에 0.2m 정도의 화약통을 달고 있었다. 몸체를 대나무로 만들고 끝에는 화살촉을 부착해 살상효과를 극대화했다. 화약통의 앞부분에 종이로 만든 작은 발화통을 장착해 목표물에 도달하면 발화통이 폭발하도록 설계되었다. 중신기전의 사거리는 최대 250m에 달했다. 통계가 있는 것은 아니지만, 각 신기전의 성능을 고려할 경우 아마도 중신기전이 조선시대에 가장 보편적으로 사용되었을 것으로 짐작된다.

마지막으로 길이 약 1m의 대나무 화살을 모체로 제작된 소신기전은 길이 1m에 화약통은 약 0.15m에 불과했다. 이렇게 소형이다 보니 화약통만 부착되었고 다른 신기전과는 달리 발화통이 장착되지 않아서 살상효과는 별로 없었다. 하지만 소형이었기에 상대적으로 기동성이 우수했고, 무엇보다도 150m 이내의 근거리 표적을 공격하기에는 제격이었다.

비록 조준사격은 불가능했으나 신기전은 삼중 효과를 갖고 있던 조선군의 필살기였다. 우선은 발사 시 연속적인 폭발음과 함께 뒤쪽으로 연기를 내뿜으면서 날아갔기에 적에게 공포심을 유발했고, 적군이 하늘을 쳐다보면서 탄성을 지르는 사이에 발화통에서 비산(飛散)된 쇳가루 파편으로 피해를 입히고, 마지막으로 끝에 달린 화살촉으로 적군에 치명상을 입혔다. 신기전은 사거리가 길었기에 간혹 신호용으로 활용되기도 했다. 무엇보다도 이러한 신기전이 한꺼번에 수십 발씩 집중적으로 발사되었기에 적군이 느꼈을 공포심은 충분히 가늠해 볼 수 있다.

신기전을 화차(火車)에 담아 다연장 로켓포로 삼다

그렇다면 신기전을 어떻게 날려 보냈을까? 길이가 5m 이상인 대신기전을 발사하기 위해서는 특별한 발사대가 필요했다. 북한의 미사일 문제가 터지면 함께 거론되는 것이 발사대임을 기억한다면 쉽게 이해할 수 있다. 신기전이야 말로 최초의 한국형 장거리 소형 미사일이었기 때문이다.

신기전과 불가분의 관계에 있던 장치가 바로 조선의 '화차'였다. 화차는 조선 초인 1409년에 최무선의 아들 최해산이 처음으로 제작에 성공한 후 세종 대의 보완기를 거쳐서 마침내 1451년(문종 1)에 발전된 형태로 개량됐다. 흔히 신기전을 장착한 발사대란 의미로 신기전기(神機箭機) 화차라고 불렀다. 문종 대의 화차는 주로 신기전을 발사하는 역할을 했기 때문이다. 신기전기에는 가로로 15개, 세로로 7개의 구멍이 있는데, 필요 시 여기에 최대 100발의 중신기전을 장착하고 한꺼번에 15발씩 발사했다.

왕세자 시절부터 화약무기에 깊은 관심을 보인 문종은 즉위 초부터 화차 개량이라는 업적을 남겼다. 이는 최해산이 육상용 경량 화차를 개발한 이래로 거의 반세기에 걸친 발전 과정을 통해 나온 무기과학 분야의 쾌거였다. 문종 대에 개량된 화차로는 신기전기 화차와 총통기 화차 두 종류가 있었다. 전자는 최대 중신기전 100발을 연속해서 발사할 수 있는 다연장 로켓발사기였고, 후자는 사전총통 50정을 장착해 최대 세전 200발을 발사할 수 있던 발사대였다. 화차 자체로는 정교한 나무틀에 불과했으나 이것이 화약무기와 결합하면서 엄청난 위력을 지닌 첨단무기로 변신한 것이다.

이후에도 여러 종류의 화차가 개발되었으나 문종 화차가 가장 독창적이었던 것으로 평가된다. 『국조오례의서례』의

「병기도설」에는 화차에 대해 상세하게 기록했다. 기록에 의하면 문종 화차는 지름 0.87m의 수레바퀴 2개, 그 위에 놓인 길이 2.3m 너비 0.74m의 차체, 그리고 수레 위에는 중신기전 100개를 장착한 신기전기가 있었다. 특히 높이 평가되는 장비는 바로 수레바퀴다. 화차의 수레바퀴는 차체를 바퀴 위에 올려놓은 모습인데, 이는 당대 조선의 보통 수레나 심지어는 중국의 화차와도 구별되는 우수한 과학적 원리를 반영

문종 화차

하고 있었기 때문이다. 신기전기는 발사각을 최대 40도까지 높일 수 있어 보다 긴 사거리를 얻을 수 있었다. 또한 화차는 그 활용 범위가 넓어서 훈련이 뜸한 휴식기에는 관청의 물건을 운반하는 수레 대용으로 쓰기도 했다.

기록에 의하면 1451년 한 해에만 약 7백 대의 화차가 제작되어 주로 북방 국경지대에 배치될 정도로 조선 왕실은 신무기 개발에 진력했다. 하지만 대부분 목재로 제작된 까닭에 현재 진품으로 남아 있는 것은 없다. 「병기도설」에 실린 설계도를 참조해서 복원된 화차가 육군박물관, 전쟁기념관, 그리고 행주산성 등 몇 군데에 전시되어 있을 뿐이다. 물론 화차에 소신기전 100발을 장착해 시험 발사한 경우도 있었다. 이에 대한 촬영 영상을 보면, 심지어 오늘날에도 등줄기가 서늘할 정도로 대단한 위력을 과시하고 있다. 그러니 500~600년 이전에야 오죽했을까. 아마도 당시 북방 여진족에게는 화차에서 연속적으로 날아오는 신기전이 귀신 잡는 기계가 토해 내는 화살이었을 것이다.

문종 대에 대폭적인 개량이 이루어진 화차는 이후에도 발전을 거듭했다. 문종 초기 화차는 수레바퀴 틀 위에 발사 틀을 올려놓은 것이 전부였기에 포수에 대한 방어수단이 전혀 없었고, 전체를 목재로 제작했기에 화공에 취약했다. 이러한 약점을 보완하려는 노력이 꾸준히 이루어져서 전자는 화차의 좌우에 방패막을 설치했으며, 후자는 목재 발사틀을 쇠판으로 감싸는 방식으로 해결했다.

화차가 실전에서 중요한 역할을 한 것은 임진왜란의 대표적 승전지 중 하나인 행주산성 전투였다. 전력 면에서 절대적 열세에 처해 있던 권율 장군은 전투 직전에 지원받은 화차 40량을 활용해 수적으로 우세했던 왜군에 대승을 거두었다. 이때 지원된 화차는 일명 '변이중 화차'로 기존 화차를 변이중이란 인물이 개량한 것이었다. 변이중 화차는 발사 틀의 네 면에 모두 방호벽을 설치했고, 무엇보다도 방호벽마다 1개의 관측구멍을 뚫어서 방호벽 뒤에 있는 포수가 전방을 관측할 수 있도록 만들었다. 그리고 발사틀에는 정면과 좌우 측면을 향해서 총 40정의 총통을 장착했다. 이후에도 화차는 지속적으로 개량됐는데, 순조 대인 19세기 초에 발간된 『융원필비』에는 당시 훈련대장 박종경의 주도로 제작된 화차의 그림과 설계도가 소개되어 있다.

신구(新舊) 무기의 멋진 앙상블, 완구와 비격진천뢰

화포의 대명사, 완구(碗口)

우리의 부끄러운 역사 중 하나가 바로 병자호란 시 삼전도에서 인조가 청 태종에게 무릎을 꿇고 항복한 일일 것이다.

당시 조선은 천혜의 요새였던 남한산성에서 결사 항전했지만, 청군은 수십 마리의 황소를 동원한 엄청난 크기의 화포인 홍이포(紅夷砲)로 성벽을 무너뜨렸고 임금이 수모를 당하는 사태로 이어졌다. 예기치 못한 파국을 몰고 온 아킬레스건은 바로 대포의 엄청난 위력이었다.

최무선에 의해 화약의 자체 생산이 가능해 지면서 화약무

명나라 때 네덜란드의 대포를
모방해 만든 중국식 대포인 홍이포

기는 빠르게 발전했다. 이 중에는 앞에
서 고찰한 바 있는 개인화기도 있으나 무엇보다
도 중요한 것은 대표적인 공성용 및 해전용 무기인 화
포였다. 적군이 성 안에서 웅거하면서 버티고 있을 때 성을
점령하기 위해 가장 필요한 것은 성문이나 성벽의 약한 부분
을 파괴하는 것이었는데, 이때 실력을 발휘한 무기가 바로 공
성용 화포였다. 다양한 형태의 화포들이 제작됐으나 우리나
라는 대부분 해군 함선 전투용으로 활용됐으며, 해전 시 함
선에 장착된 대포를 발사해 적 함선에 구멍을 내어 격침시켰
다. 간혹 운이 좋으면 적군 함선 갑판의 마스트를 두 동강 내
기도 했다.

임진왜란에서 이순신 장군이 거둔 해전 승리의 이면에는 왜군보다 우수했던 조선군의 화포가 있었다. 두꺼운 나무판자로 건조된 조선의 판옥선은 넓은 갑판과 견고한 몸통을 갖고 있었다. 덕분에 화포 발사 시 발생하는 반동을 충분히 이겨낼 수 있었다. 바로 이순신 장군은 함선에 장착된 각종 화포를 십분 활용해 왜군의 코를 납작하게 만들었던 것이다.

그렇다면 육지는 어땠을까? 임진왜란은 물론 조선 후기까지 육상에서 사용된 대표적인 공성용 화포는 '완구'였다. 이는 손으로 심지에 점화해 발사하는 청동제의 유통식(有筒式) 화기로 주둥이가 밥그릇 모양을 닮았다고 해서 완구라고 불렸다. 완구는 포강이 없고 약실과 커다란 주둥이만 있기 때문에 크고 무거운 포탄을 성 내부로 날려 보내기 적합했다. 따라서 고려 말부터 조선시대까지 공성용 화포로 발전했으며, 1407년(태종 7)에 제작된 이후 세종 초기인 1422년에 이르러서 전국적으로 보급되었다.

조선 후기 이전에 완구는 주로 청동으로 주조되었다. 물론 무쇠로 완구를 만들면 단단해 많은 양의 화약을 넣을 수 있어 사거리를 늘릴 수 있었지만, 철 대포를 주조하는 기술이 미흡했기 때문에 조선 후기에 이르러서야 철 완구를 제작할 수 있

완구

었다.

　완구에 대해서는 조선시대에 발간된 여러 책에서 언급되었다. 조선 후기에 발간된 『융원필비』에 의하면, 완구는 크기에 따라서 별대완구, 대완구, 중완구, 소완구, 소소완구로 구분되었다. 소완구와 소소완구는 너무 소형인지라 공성이라는 목적에 제대로 부합되지 못했기에 곧 사라졌다. 아마도 공성전에 가장 일반적으로 사용된 것은 대완구였을 것이다. 두세 명이 함께 들어 옮길 정도의 무게에, 위력도 만만치 않았기 때문이다. 대완구는 전체 길이가 65.1cm에 구경은 27.5cm로 사거리는 포환의 종류에 따라 차이가 있으나 대체로 400~500m에 달했다. 따라서 공성군은 적군의 화살 사거리가 도달하지 못하는 지점에서 농성 중인 적 진영에 포격을 가할 수 있었다. 완구를 발사할 때에는 약실에 35냥(대완구의 경우) 정도의 화약을 넣고 불심지로 점화했다.

　그렇다면 완구로 무엇을 날려 보내었을까? 가장 많이 사용된 것은

대완구

돌을 다듬어 만든 단석(團石)이었다. 단석은 무쇠 정으로 화강암 표면을 쪼아서 둥글게 만든 다음, 이를 물기 있는 모래로 장시간 문질러 매끈하게 다듬은 돌덩어리였다. 돌인지라 상대적으로 무게가 가벼워서 멀리 날려 보낼 수는 있었지만, 목표물에 맞았을 때 철환에 비해 충격이 적었고, 무엇보다 화약이 폭발할 때 포구 안에서 부서질 염려가 있었다. 이러한 문제에도 비용이 저렴하고 제작이 쉽다는 장점으로 단석은 조선 후기까지 완구의 발사체로 사용됐다.

단석 이외에 철환도 발사체로 드물게 사용됐다. 철환은 강도가 높아서 목표물에 대한 충격이 단석에 비해 월등히 높았다. 하지만 무게가 무거워 상대적으로 사거리가 떨어졌고, 쇠의 강도가 높아서 크기를 포구 구경에 알맞게 다듬기 어려웠다. 무게 때문에 포강을 심하게 마모시키는 문제도 있었다. 물론 이러한 단점을 해소하기 위해 철환의 표면을 납으로 감싼 수철연의환이 사용되었으나 제작이 어렵고 비싼 제작비로 인해 널리 사용하지 못했다.

천둥 치는 포탄, 비격진천뢰(飛擊震天雷)

완구의 성능과 관련해 무엇보다도 문제가 된 것은 포환의 효용성이 낮다는 점이었다. 다시 말해, 단석이든 철환이든 단

75

비격진천뢰

발의 효과만 있을 뿐이
었다. 발사된 포환은 적군의 성
벽이나 성 안으로 떨어져 파괴 효과를 내기는 했으나 그것이
미치는 영향은 제한적이었다. 따라서 공성포의 효과를 최대
한 높이려는 시도가 있었고, 그 결과 등장한 것이 바로 철제
포환인 '비격진천뢰'였다.

비격진천뢰는 임진왜란 시기인 1592년(선조 25)에 화포장
이장손이 발명한 조선의 신무기였다. 비격진천뢰란 이름은
이 포탄이 날아가서 천둥과 같은 굉음을 내며 폭발하고 폭
발과 동시에 수많은 금속 파편을 비산(飛散)시키는 무기라는
의미에서 붙여졌다. 우리나라 전통 화기 중 유일하게 목표물

을 타격한 후 일정 시간이 지난 후 폭발하는 시한형 작열탄이다. 물론 비격진천뢰가 전혀 새로운 것은 아니었다. 송나라와 금나라에서 진천뢰(震天雷)라는 폭발물을 발사한 기록이 있고, 조선에서도 이를 사용한 바 있었다. 하지만 이는 모두 화포를 이용해 발사하는 포탄이 아니라 사람이 손으로 투척하는 수류탄의 일종이었다.

비격진천뢰에 대한 기록은 『조선왕조실록』과 『화포식언해』 등 여러 책에서 어렵지 않게 접할 수 있다. 유성룡이 쓴 『징비록』에는 임진왜란 시 최초로 비격진천뢰를 사용한 경주성 전투에 관한 기록이 있다. 기록에 의하면, 1592년 9월 왜군에 빼앗긴 경주성을 탈환하기 위해 이장손이 만든 비격진천뢰를 경주성 안으로 발사했다고 한다. 강력한 작열포탄을 처음 접한 왜군은 크게 당황해 경주성을 버리고 도주했다. 이 신무기는 같은 해 10월에 벌어진 진주성 전투와 1593년 2월에 벌어진 행주산성 전투에서도 사용되어 왜군 격퇴에 크게

비격진천뢰의 구조

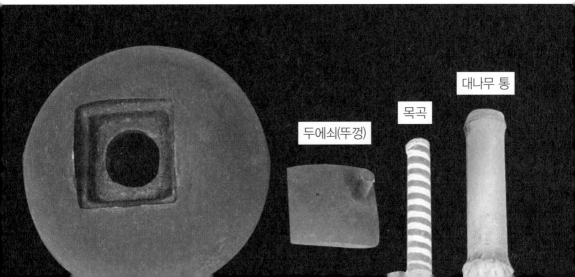

기여했다. 이러한 활약 덕분에 유성룡은 비격진천뢰를 수천 명의 군대 병력에 버금가는 대단한 무기로 평가했다. 물론 비격진천뢰의 살상력은 오늘날 포탄에 비하면 극히 제한적이지만, 폭발 시 울려 퍼지는 굉음과 사방으로 퍼져 나가는 철편으로 적군에게 엄청난 위협을 주었다.

비격진천뢰는 어떻게 멀리까지 날아간 다음에 자체적으로 폭발할 수 있었을까? 이를 위해서는 비격진천뢰의 모양에 대해 살펴볼 필요가 있다. 비격진천뢰는 지름 21cm에 무게가 약 22~23kg으로 원형 모양이고, 중앙부에 크고 깊은 구멍이 있다. 구멍에는 화약, 철 조각, 그리고 포탄의 신관 역할을 하는 대나무 통이 들어 있었다. 여기서 가장 중요하고 독창적인 장치는 대나무 통이다. 통 안에는 나선형의 홈에 점화용 화약선이 감겨 있는 목곡(木谷)이 있는데, 바로 이것으로 폭발시간을 조절했다. 즉, 목곡에 화약선을 몇 번 감았는가에 따라서 폭발시간에 차이가 났던 것이다. 통상적으로 빠른 폭발에는 10번을, 느린 폭발에는 15번을 감은 것으로 알려졌다.

화기에 투영된 '세계화'의 흔적, 조총과 불랑기포

세계화의 첨병, 무기

1592년 4월 14일, 왜군 선발대가 부산진성 앞에 모습을 드러냈다. 도요토미 히데요시가 야심 차게 추진한 조선 정복의 서막이 열린 것이다. 부산진 첨사 정발은 왜군의 공격에 대항했으나 반나절도 채 되지 않아서 부산진성은 함락되고 말았다. 이후 조선군은 변변한 저항도 못한 채 보름도 지나지 않아 수도 한양을 내주고 말았다. 경상도와 전라도 지방에서 의병이 일어나 왜군의 배후를 공격했지만 이것만으로 전세를 만회할 수는 없었다.

어떻게 이런 일이 벌어졌을까? 왜군은 신무기였던 조총을 이용해 조선군 무기체계의 중심에 있던 활을 무력화시켰다. 칼로만 싸우던 왜군이 이제는 조총이라는 장병기마저 갖추었던 것이다. 물론 당시 조선군의 무기체계가 전적으로 열세였던 것만은 아니었다. 화포 분야에서는 왜군의 무기체계를 압도하고 있었다. 조선군의 화포 중에서 특히 두드러진 것은 일종의 후장식 대포였던 불랑기포(佛狼機砲)였다. 미리 장전된 여러 개의 자포(子砲)를 이용해 연속적으로 사격할 수 있었다.

그렇다면 조총과 불랑기포의 공통점은 무엇일까? 모두 유럽에서 전래하였다는 점이다. 화약무기는 15세기 말을 기점으로 서양이 동양을 앞서기 시작했다. 서양에서 제작된 신무기들이 유럽 상인의 손을 거쳐서 동아시아로 전파됐고, 이것이 16~17세기 동북아시아에서 벌어진 전쟁에 중요한 역할을 했던 것이다. 바야흐로 '무기의 세계화'가 그 속살을 드러내기 시작한 것이었다.

나는 새도 맞히는 총, 조총

최초로 화약을 발명한 것은 중국이었으나 이를 무기화한 것은 서양이었다. 16세기 초반부터 유럽에서는 화약의 힘으로 탄환을 날려 보내는 소총을 사용했다. 화승(火繩)이라 불린 긴 심지를 이용해 약실에 불을 붙였기에 일반적으로 '화승총'으로 통칭된 개인화기였다. 이것이 등장하면서 유럽의 전장에는 근본적인 변화가 일어났다. 과거 근력무기 시대에는 칼이나 창을 잘 다루는 자나 마상훈련을 받은 자, 좀 더 직접적으로는 덩치가 크고 힘 있는 자가 전장을 지배했다. 하지만 화승총이 등장하면서 한낱 보잘것없는 시골 청년이라도 간단한 조작법과 훈련을 통해 단기간 안에 훌륭한 전사로 거듭날 수 있었다.

유럽인들 간의 싸움에 사용된 소총은 어떻게 동아시아에 전해진 것일까? 그 해답은 최초의 세계화 과정이라고 할 수 있는 '유럽의 팽창'이라는 역사적 사건에 담겨 있다. 1450년 이래 유럽인들은 경쟁적으로 인도로 가는 뱃길을 찾으려는 모험에 뛰어들었다. 그리고 이러한 경쟁의 선두에 있던 국가가 바로 포르투갈이었다. '항해왕' 엔리케가 시작한 선구자적인 해외항로 개척 사업을 지속한 포르투갈은 1487년에 아프리카의 남단 희망봉을 돌았고, 이후 1497년에 그토록 염원하던 인도에 도착할 수 있었다.

인도의 고아에 교두보를 확보한 포르투갈은 이후 동남아 지역의 향신료 무역을 장악하고 점차 그 영역을 중국으로 넓히고 있었다. 그러던 1543년 어느 날, 중국 남쪽의 광둥성을 떠나서 양자강 하류의 영파(寧波)로 향하던 한 선박이 태풍에 길을 잃고 일본 열도 서남단의 다네가섬(일명 종자도)에 상륙하는 사건이 벌어졌다. 이때 배에 타고 있던 한 포르투갈 상인이 화승총 사격을 선보였고, 그 위력에 깜짝 놀란 섬의 도주(島主)는 거금을 주고 이를 구입했다. 서양 상인이 새를 겨냥해 떨어뜨리는 것을 본 도주는 이를 '나는 새도 능히 맞힐 수 있는 총'이라고 칭송했고, 여기에서 '조총'이라는 명칭

이 유래된 것으로 알려졌다.

거액을 주고 조총을 구입한 도주는 즉시 휘하의 장인에게 제작을 명했다. 당시 일본은 전국의 다이묘들이 서로 다투던 약육강식의 시대로 우수한 성능의 무기가 절실하게 필요했다. 새로운 무기의 생산은 결코 쉬운 일이 아니었으나 줄기찬 노력과 포르투갈 상인의 조언을 바탕으로 마침내 일본은 1540년대 중반에 일명 '종자도총'이라는 일본식 조총을 제작하는 데 성공했다. 때마침 종자도총은 일본 전국 통일의 유력한 후보자로 거론되던 오다 노부나가의 눈에 띄었고, 그에

의해 본격적인 개량·생산이 이루어져 곧바로 실전에 배치되었다. 더불어 전술도 변해 조총병을 창병, 기병과 혼용하는 방식으로 병력을 운용했다. 이보다 조금 이른 시기에 스페인군이 창안한 '테르시오 전술'과 유사한 형태였다.

이처럼 실전을 통해 지속적으로 개량된 조총으로 무장한 왜군에게 조선군은 속수무책으로 당할 수밖에 없었다. 왜군 격퇴의 마지막 희망이었던 신립 장군마저 탄금대 전투에서

조총

대패하고 말았다. 패배의 주 요인도 바로 조총의 위력을 무시한 신립과 조선군의 무지였다. 왜군도 장병기를 갖추었다는 사실을 과소평가했던 것이다.

이는 조선군의 자만심에서 초래된 것이었다. 조선군은 자국의 무기체계가 명나라에 버금갈 정도로 우수하다는 착각과 오만에 빠져 있었다. 임진왜란 직전 대마도주가 조정에 진상한 일본의 조총을 얕잡아보고 이를 무기고에 넣어둔 사례가 이러한 태도를 대변한다. 하지만 조선군의 환상은 임진왜란의 발발과 더불어 여지없이 깨지고 말았다. 소형화기에 속

하는 총통은 조총에 비해 한 세대 이상이나 낙후되어 있었다. 조선의 화기가 화약선에 손으로 직접 불을 댕기는 지화식이었던 데 비해, 왜군의 조총은 정교한 격발장치가 구비되어 방아쇠를 당기면 용두에 끼워져 있는 화승이 약실의 화약에 불을 댕겨서 탄환이 발사되는 화승식 소총이었기 때문이다.

왜군 조총의 위력에 놀란 조선군은 서둘러 조총 제작에 착수했고, 왜군으로부터 노획한 조총을 분해해 구조를 익혔다. 그러나 오늘날처럼 과학적 분석에 바탕을 둔 것이 아니라 일종의 '시행착오를 통한 개량'이었기에 만만치가 않았다. 기술과 재료상의 문제로 인해 어려움에 봉착하기도 했으나 마침내 임진왜란 이듬해인 1593년 가을에 조선식 조총 제작에 성공했다. 여기에는 고려 말부터 이어온 화포 제조 경험이 도움되었다.

임진왜란 중 조선에서 얼마나 많은 수의 조총이 생산되었는지는 알 수 없다. 하지만 1593년 말 이후부터 전쟁에서 조선군이 우세를 점하기 시작한 사실로 미루어 보아 상당수의 조총을 제작해 실전에서 활용된 것으로 짐작된다. 조선에서 조총이 본격적으로 생산되기 시작한 것은 임진왜란이 끝난 뒤였다. 대전란을 경험한 조선 조정에서는 1614년에 '화기도감(火器都監)'이라는 전담부서를 설치해 무기개발 및 생산에 박차를 가했다. 같은 해 청(淸)과 싸우고 있던 명(明)을 지원하기 위해서 출병했던 강홍립의 조선군 중 절반에 달하는 5,000여 명이 조총으로 무장하고 있었다는 기록은 당시 조선의 조총 생산능력이 만만치 않았음을 엿보게 한다.

애석하게도 그 이후로 조총 개량은 이루어지지 않았다. 비록 숙종 대에 사거리가 1,000보에 이른다는 천보총이 등장했지만, 조선의 개인화기는 여전히 화승총 수준에서 머물고 있었다. 1658년에 조선군이 러시아군과 접전을 벌인 나선정벌에서 러시아군의 수석식 소총(flintlock)을 입수하는 데 성공했으나 이는 곧 사장(死藏)되고 말았다. 19세기 중엽에 벌어진 병인양요와 신미양요 때에 이르러서야 우리 소총의 심각한 낙후 정도가 드러났으나 이미 활시위는 당겨진 뒤였다.

최초의 후장식 화포, 불랑기포

임진왜란 중 도입해 전란 극복에 일익을 담당한 또 다른 신무기로 불랑기포를 꼽을 수 있다. 유럽에서 처음 선보인 고성능 화포인 불랑기포가 조선에 모습을 드러낸 것은 1593년 1월에 벌어진 평양성 탈환 전투에서였다. 조선군과 함께 평양성 공격에 나선 명나라 군대가 불랑기포, 호준포 등 당시 신무기급에 속하는 화포들을 동원해 평양성을 공격하자 왜군은 성을 버리고 남쪽으로 퇴각했다. 평양성 탈환 전투의 승전 보고에서 불랑기포의 위력이 조정에 알려졌고, 곧 왕명에 의해 조선에서도 이를 제조해 지상군은 물론이고 거북선을 비롯한 수군에도 배치하였다.

그렇다면 왜 이 포는 '불랑기'라는 특이한 명칭을 갖게 된 것일까? 원래 불랑기(佛狼機)라는 명칭은 프랑크(Frank)라는 영어식 발음에서 유래되었다. 16세기 초, 중국인들은 중국 남부지역에 나타난 포르투갈 상인들을 불랑기라고 불렀고 자연스럽게 이들이 전해 준 화포도 같은 명칭을 갖게 되었다. 1520년경에 불랑기포 입수에 성공한 명나라는 성능의 우수성을 깨닫고 이를 개량해 불과 10년 만에 5,000여 문에 달하는 소형·중형 불랑기포를 생산할 수 있었다.

불랑기포는 15세기 말 이후 약 1세기 동안 유럽에서 인기를 끌었던 일종의 후장식 화포였다. 전장식 화포가 주류를 이루었던 시기에 웬 후장식 화포란 말인가? 기본적으로 불랑기포는 모포(母砲)와 자포(子砲)로 구분되어 있다. 우선 자포에 화약과 탄환을 장전한 다음 이를 모포의 몸통에 뚫어 놓은 약실에 장착 및 점화해서 발사하는 형태였다. 당대의 다른 화포들에 비해 화약의 소모량도 적었던 반면에 그 성능과 사거리가 길었기에 곧 바로 수용하여 적극적으로 개발되기 시작했다. 조선에서는 임진왜란 중에는 물론이고 무엇보다도 이후에 설치된 화기도감에서 주도적으로 제조되었다. 『화기도감의궤』에 기술된 불랑기포의 제원과 제작과정을 통해 당시 이 신형 포에 대한 조정(朝政)의 높은 관심을 엿볼 수 있다.

임진왜란 당시 조선군의 화포는 그 성능이 나쁘지 않았는데, 왜 불랑기포를 주목했을까? 당시 조선군의 화포는 연속사격이 불가능하고 너무 무거웠다. 바로 이 점을 불랑기포가 해결해 주었던 것이다. 불랑기포의 장점은 후장식포라는 점이었다. 모(母)포로 불리는 포신과, 포탄과 화약을 장전하는 자(子)포로 분리된 불랑기포의 구조가 이를 가능하게 해주었다. 이미 화약과 포탄을 장전해 놓은 자포를 모포의 뒤쪽에 파놓은 자포실에 끼워서 발사했다. 이때 모포 1문에 5~9개의 자포를 할당했는데, 미리 장전된 자포를 번갈아 갈아 끼움으로써 연속사격도 가능

불랑기포(모포와 자포)

했다. 또 하나의 장점은 무게가 가벼워서 조작이 용이하다는 점이었다. 포를 활차에 올려놓고 사격했기에 좌우로 조정하기도 수월했다. 이처럼 불랑기포는 당대 조선의 화포에 비해 한 단계 높은 성능을 갖고 있던 신식 화포로 특히 임진왜란 때 육전과 해전에서 활용되어 전쟁을 승리로 이끄는 데 공헌했다.

전통 신호체계와 수단, 봉수·깃발·악기

전장의 숨겨진 소프트웨어, 신호체계

〈이글아이〉라는 영화를 보면 미국 정보기관이 지구 상에서 일어나는 모든 움직임을 감시할 수 있는 초대형 인공지능 컴퓨터를 개발했는데, 그 이름이 바로 '이글아이'였다. 이는 GPS 기능을 고도화시킨 장비다. 이 장비를 이용하면 요주의 인물이 세계 어느 곳에 있든지 실시간대로 추적할 수 있고, 심지어 그의 행동을 통제할 수도 있다. 지구 저 멀리 떠 있는 인공위성에 필요한 신호를 보내면 인공위성이 작동해 원하는 인물의 현재 정보를 대형 화면에 띄워 준다. 지상과 인공위성, 그리고 수배자를 연결하는 공통분모는 바로 '신호'였다.

이처럼 신호는 작고 사소하지만 우리 몸의 실핏줄처럼 시스템 전체에 생명을 불어넣는 매우 중요한 요소다. 인간집단이라는 유기체 간의 생존경쟁인 전쟁에서도 마찬가지다. 아무리 좋은 무기와 강한 훈련으로 단련된 병력을 보유하더라도 이들이 가장 효율적으로 움직일 수 있도록 상부에서 작전명령이 하달되고, 하부조직에서는 적시에 복명(復命)이 이루어져야 승리할 수 있다.

그렇다면 이러한 명령은 어떻게 전달되었을까? 물론 병력의 규모가 많지 않고 근거리에 있다면, 육성을 통해서 의사전달이 가능하다. 하지만 부대의 규모가 크고 화약무기가 사용된 이후로 전장에서 소음이 커지면서 육성으로 명령을 하달하는 행위는 거의 불가능했다.

바로 이러한 문제점을 해결한 것이 봉수(烽燧), 깃발, 그리고 악기 같은 신호용 도구였다. 봉수는 변경지역에서 적의 침략을 신속하게 중앙 정부에 알리는 중요한 수단이었고, 깃발과 악기는 전장이라는 현장에서 시청각을 이용해 지휘관의 명령을 하달하고 부대를 통제하는 중요한 방법이었다.

중앙과 지방의 소통 수단, 봉수

　전신기가 등장하기 이전 시대에 대표적인 원거리 통신수단은 '봉수'였다. 봉수는 말 그대로 '봉(烽, 횃불)'과 '수(燧, 연기)'로 이루어져 있다. 봉이 야간에 횃불을 이용해 정보를 전달한 반면, 수는 대낮에 연기를 올려서 의사를 보내는 방식이었다. 일반적으로 봉수는 수십 리의 거리를 두고 시야가 확보된 산 정상에 봉수대를 설치해 신호를 보내는 시스템이다. 비가 오거나 구름이 껴 봉수가 작동할 수 없으면 봉수지기가 직접 달려가서 정보를 전하는 보완체제도 갖추고 있었다.

　물론 봉수만이 유일한 통신수단은 아니었다. 봉수 이외에도 변경과 중앙 간에 긴밀하고 신속하게 연락하기 위해서 말을 이용한 파발제도가 있었고, 왕명을 수행하는 관리들의 편의를 위한 우역제도도 있었으며, 좀 더 원시적으로는 비둘기 같은

남산(목멱산) 봉수대

새를 이용한 통신 방법도 유지되었다. 물론 이러한 통신수단은 정확한 정보전달에 유리했으나 봉수에 비해 전달속도가 느리고 간혹 배달 과정 중 사고가 일어나 전달조차 되지 못하는 경우가 있었다. 근대식 전기통신이 등장하기 이전에는 원거리 연락방법으로 봉수를 대체할 만한 시스템을 찾기가 어려웠다.

우리 역사에서 봉수의 기원은 삼국시대까지 거슬러 올라갈 수 있으나 시스템으로 제도화된 것은 고려시대 중엽이었다. 이때의 제도를 바탕으로 조선 세종 초반(1419년)에 5개의 횃불을 사용하는 봉수제도가 마련되어 조선의 대표적인 원거리 통신수단으로 뿌리를 내리게 되었다. 이후 임진왜란과 병자호란 같은 외세의 침략을 겪으면서도 봉수제도는 명맥을 이어왔으나 1885년에 근대적인 전기통신이 도입되면서 역사의 뒤안길로 사라졌다.

세종 대에 확립된 조선의 봉수제도는 당대의 관점에서 볼 때 세계사적으로도 매우 앞선 제도였다. 이 제도는 5단위 봉수 부호체계가 핵심 코드로, 전국적으로 5개 방향의 광역 노선망을 갖추고 있었다. 당시의 봉수제 관련 규정에 의하면, 아무런 일이 없을 때 올리는 1거(炬)로부터 적군과 접전 시에 올리는 5거까지 5단계의 거화법이 있었고, 이와 더불어 봉수대의 정비 및 관리를 담당한 봉수군의 근무태세 확립에 관한 규정이 첨가되었다. 평소에 봉수가 실제로 작동될 수 있도록 봉수군의 사기진작 및 근무 자세 확립을 위한 조치는 지속적으로 추진되었다.

봉수는 봉수대(=연대, 煙臺)가 설치된 지역을 기준으로 경(京)봉수, 연변(沿邊)봉수, 그리고 내지(內地)봉수 등 세 종류로 구분되었다. 우선, 경봉수는 봉수제도의 핵심을 이루는 중앙봉수로 목멱산(서울 남산) 정상에 설치되었다. 전국에서 보내온 모든 봉수 정보가 최종적으로 이곳으로 수렴되었다. 연변봉수는 주로 북방국경 지대나 남해안의 해안가에 설치되어 기점 구실을 했다. 그러다 보니 성격상 국경 초소 및 최전방 수비대의 역할을 겸하게 되었다. 내지봉수는 서울의 경봉수와 중요 국경 요충지에 위치한 연변봉수를 연결하는 중간봉의 역할을 했다. 전국적으로 직봉(直烽)과 간봉(間烽)을 합해 총 523개의 봉수가 5개 방면의 직봉노선을 기본축으로 내지봉수를 서로 연결해 일종의 전국 무선통신망을 구성했다. 전국적으로 구축된 5개의 직봉로는 다음과 같다.

① 제1로 : 함경도 경흥→강원→경기→서울

② 제2로 : 경상도 동래→경북→충북→경기→서울

③ 제3로 : 평안도 압록강 중류→평안도→황해도→경기도

　　　　　내륙→서울

④ 제4로 : 평안도 의주→서해안→서울

⑤ 제5로 : 전남 순천 돌산도→전남·전북→충청도 및 경기

도 내륙→서울

한반도의 각 끝단에 설치된 기점 봉수대로부터 한양의 목
멱산까지 봉수가 도달하는 데는 약 9~12시간이 소요되었
다. 오늘날 기준으로 보면 긴 시간이지만 당대에는 가장 빠
르고 효과적인 정보전달 수단이었다.

오늘날 봉수대는 생명을 다한 유적으로만 남아 있다. 하지
만 우리는 여기에서 그 옛날 긴박한 상황 속에서 적군의 침
입을 중앙에 알리려고 노심초사했던 봉수군의 숨소리와 애
국심을 읽어낼 수 있다. 오늘날 우리나라가 세계적인 정보통
신 강국으로 자리매김한 이면에는 바로 이러한 선조들의 지
혜가 녹아 있었던 것이다.

전장의 소통 수단, 깃발

봉수가 대표적인 원거리 통신망이었다면, 이에 필적할 만
한 근거리 통신수단으로 깃발과 악기를 꼽을 수 있다. 예로
부터 깃발은 각종 군대 행사에서 위엄과 격식을 나타내기 위
해서 사용했다. 정조의 「화성능행도」에 등장하는 각종 깃발,

로마군 진군 시에 볼 수 있는 각종 부대기, 그리고 나치 군대의 깃발 행렬 등에서 볼 수 있듯이 우리에게 친밀한 신호수단은 바로 깃발이 아닌가 싶다. 깃발은 그 목적에 따라 여러 유형이 있으나 여기에서는 위험을 경고하거나 명령을 전달하는 용도로 사용된 신호기에 대해 살펴보려고 한다.

치열한 전투가 벌어지는 전장은 함성과 고함, 각종 무기가 부딪치는 소리 등으로 엄청난 소음이 발생하며, 이러한 상황에서 장수가 육성으로 부하들에게 명령을 내리기란 거의 불가능하다. 이를 위해 개발된 것이 바로 시각 및 청각 신호체계였고, 전자의 대표적 수단이 바로

화성능행도 華城陵幸圖

교룡기

깃발이었다. 깃발은 옛날부터 장수가 평소에 부대를 훈련시키거나 전장에서 작전을 수행할 때 명령전달 수단으로 활용했다. 더욱이 우리나라는 전통적으로 다양한 종류의 군사용 깃발을 사용했는데, 이에 관한 내용이 『병학지남』(1787)에 자세히 기록되어 있다.

이 책에서 깃발은 색깔로, 북은 소리로 신호하는 것이라고 정의하고 있다. 따라서 모든 장졸이 귀로는 징과 북소리만 듣고 눈으로는 깃발의 방향과 색깔만을 바라봐야 한다고 강조하고 있다. 전장에서 육성의 한계를 진작부터 인정하고 있었다는 증거다. 이러한 신호체계는 이미 삼국시대부터 사용되었으나 나름대로 체계가 잡힌 것은 조선시대였으며 임진왜란을 전후로 약간의 차이를 보이고 있다.

우선 조선 전기의 신호체계는 문종 대에 편찬된 『오위진법』과 성종 대에 편찬된 『국조오례의』에 정리되었다. 당시에 군대의 깃발, 즉 군기는 해당 부대 지휘관의 소속 및 직위를 표시하거나 예하 지휘관들을 집합시켜서 명령을 내리거나 복명 시에 사용했다. 각급 장수들을 표시하면서 상급부대의 명령을 수령할 시 사용한 깃발로 '표기(標旗)'가 있었다. 여기에는 군대의 최고위 직책인 총사령관을 나타내는 교룡기에서부터 대장기, 위장기, 부장기, 영장기 등 총 9가지 형태가 있었다. 표기가 상부의 명을 받을 때 사용한 깃발인 데 비해, 반대로 휘하 장수에게 명령을 내릴 때 사용한 군기로 '영하기(令下旗)'가 있었다. 특히 총사령관이 사용한 영하기는 예하부대에 진(陣)의 형태를 하달할 때 주로 이용됐다.

이처럼 깃발로 사령관이 명령을 내리면 휘하 지휘관들은 즉각 응수해 명령이 제대로 전달되었음을 알렸다. 예를 들어, 상관이 영하기를 들었다가 놓으면 휘하 부대장도 자신의 깃발을 들었다 놓음으로써 명령이 수령되었음을 표시했다. 또한 사령관의 깃발

호기(虎旗, 영문 밖에 세우는 깃발)

이 가리키는 방향으로 부대를 전진시키고 깃발을 세우면 병력을 일으켜 세우고 눕히면 그 자리에 앉았다. 이처럼 상부에서는 육안으로 식별 가능한 거리 안에서 표기와 영하기를 교대로 사용하면서 예하부대에 필요한 명령을 하달했다. 이 외에도 휘하 지휘관들을 본진(本陣)으로 소집할 때 사용한 초요기, 매복병에게 명령을 하달할 때 사용한 대사기, 그리고 선두의 기병정찰대에게 명령을 전달할 때 사용한 후기기 등이 있어서 상황에 따라 그에 맞은 깃발을 사용했다.

임진왜란 이후 조선의 기존 신호체계가 변화되기 시작해서 영조 대에 체계화되었다. 이 시기에 간행된 『속병장도설』(1749)이나 앞에서 언급한 『병학지남』에 새로 정립된 신호체계에 관한 내용이 수록되어 있다. 이 시기에 사용된 대표적인 군기로는 인기(認旗), 오방기(五方旗), 그리고 영기(令旗) 등이 있다. 인기는 한 부대의 지휘관에서부터 말단 병졸에 이르기까지 계급과 소속을 표시하기 위해서 지니는 깃발이었다. 계급에 따라서 별도의 병사가 들고 다니거나 자신의 단창이나 투구에 오방색으로 색별되는 작은 깃발을 매달아서 자신의 소속부대를 표시했는데, 이는 군복 어깨에 부착하는 부대 마크와 비슷한 역할이었다.

오방기는 군영의 네 문에 문기(門旗)와 함께 내건 대오방기(용이나 호랑이 등을 그림), 신명의 가호를 상징해 주로 의장용으로 사용된 중오방기, 그리고 표면에 별다른 그림이 없이 다섯 가지 색깔만으로 예하부대에 명령을 하달하는 데 사용한 소오방기 등 세 종류가 있었다. 영기는 말 그대로 지휘관의 명령을 전달할 경우 이용되었는데, 청색 바탕에 붉은색으로 영(令) 자가 쓰여 있어서 원거리에서도 식별이 가능했다.

전장의 소통 수단, 악기

시각에 바탕을 둔 신호체계와 쌍벽을 이룬 것은 청각(聽覺)을 이용한 신호체계였다. 우리나라에서 군 복무를 한 사람들은 군 생활 동안에 매일 아침저녁으로 들었던 기상나팔과 취침나팔 소리를 평생 잊지 못할 것이다. 이것이 바로 오늘날까지 남아 있는 대표적인 청각신호다. 옛날 군대에서도 인간의 육성이 가진 한계를 보완하기 위해서 각종 청각신호용 도구를 개발해 사용했다. 특히 온갖 소음이 난무한 전장에서 휘하 부대를 일사불란하게 지휘하기 위해서는 정확한 명령하달이 무엇보다도 중요했는데, 이때 각종 소리를 내는 도구의 도움이 절대적으로 필요했다.

조선 전기에 일선 부대에서 흔히 사용된 청각신호용 장비로 뿔나팔(角), 북(鼓), 그리고 징(金) 등을 꼽을 수 있다. 나팔에는 속이 빈 긴 나무통 끝에 황소 뿔을 부착한 소형

신호용 북

나팔과 긴 나무통 끝에 은으로 만든 사발 모양의 부리를 댄 대형 나팔이 있었다. 나팔은 주로 명령을 하달할 시 이목을 집중시킬 목적으로 불었고, 진퇴 및 교전을 독려할 시에 북과 함께 사용했다. 북은 부대를 전진시킬 때 사용했다. 북 치는 속도를 빨리하면 부대는 속보로 행군했고, 느리게 하면 완보로 행군했다. 특히 나팔을 불면서 동시에 북을 칠 경우 이는 교전에 임하라는 명령이었다. 북과는 반대로 징은 부대에게 후퇴 명령을 내릴 때 이용했다.

조선 후기에 사용된 대표적 청각신호 장비로 호포(號砲)와 호적(號笛)을 들 수 있다. 임진왜란 이후에는 조선에서도 화약무기가 본격적으로 사용된 탓에 전장 소음이 너무 커져서 나팔이 별다른 효력이 없었다. 따라서 이러한 문제를 보완할 목적으로 도입된 것이 호포, 즉 신호를 보내기 위해 사용한 삼혈(안)총이었다. 지휘관이 부하들에게 명령을 하달할 때 일단 호포를 쏘아서 주목을 시키고, 이어서 북이나 징 또는 깃발 등을 사용해 필요한 명령을 내렸다. 태평소라고도 불린 호적은 중국에서 조선으로 전해진 구멍이 7개인 피리로 예하 지휘관들을 집합시킬 때 사용했다. 이외에도 커다란 소라 껍데기의 끝 부분에 구멍을 뚫고 구리로 만든 부리를 붙인 나팔인 나(螺), 쇠로 만든 큰 방울인 탁(鐸) 등이 활용되었다.

신호체계의 중요성과 현대적 의미

　군대를 지휘하는 장수의 임무는 적장과 일합을 겨루는 것이 능사가 아니었다. 평소에 자신의 부대를 제대로 훈련시켜 실제 전투에서 승리를 이끌어내야만 했다. 그러기 위해서는 평소 일사불란한 명령체계를 구축해 놓아야 하는데, 이때 기초를 이룬 것이 바로 신호체계였다. 지휘관의 명령이 말단 병졸에게까지 일거에 전달되어야 원하는 행동이나 대형을 만들 수 있었기 때문이다. 하물며 전투가 벌어지는 현장에서는 오죽했을까. 전투는 단순히 무기만 갖고서는 승리할 수 없다. 아무리 당대의 첨단무기로 무장하고 있다고 하더라도 이것이 인간과 결합해 제대로 성능을 발휘해야만 싸움에서 이길 수 있다. 그리고 인간과 무기를 유기적으로 결합시켜주는 매개체가 바로 신호다.

　우리 선조들은 일찍부터 이러한 문제점을 인식하고 이를 해결하기 위해서 각종 군사용 신호장비들을 고안하고 활용법을 발전시켰다. 사실 오늘날까지 일부 부대에서 명맥이 남아 있는 깃발신호나 군악대 병사가 부는 트럼펫 소리에는 이러한 역사의 흔적이 남아 있는 것이다. 따라서 이를 접할 때 선조들의 애국심과 호국정신도 동시에 읽어내야 할 것이다.

나각

조상의 국방 지혜가 녹아 있는 보물창고, 병서

병서(兵書)를 통해 조상의 지혜를 엿보다

군대와 관련된 기록을 담은 책자를 '병서'라고 부른다. 좀 더 일반적인 의미에서 병서란 말 그대로 '군사(軍事)에 대한 모든 내용—무기, 군인, 전투, 병법 등—을 담은 책'이다. 따라서 전통 병서에는 과거 선조들의 전투경험에서 도출된 군대의 편성과 운용, 군사작전 및 전투방식, 무기, 진법과 군사훈련, 공격 및 방어책, 그리고 신호체계 등이 포함되어 있다. 또한 병서는 주로 중요한 전쟁이나 전투를 치르고 난 이후에 향후 전쟁에 대비한다는 차원에서 저술됐기에 당대의 정치,

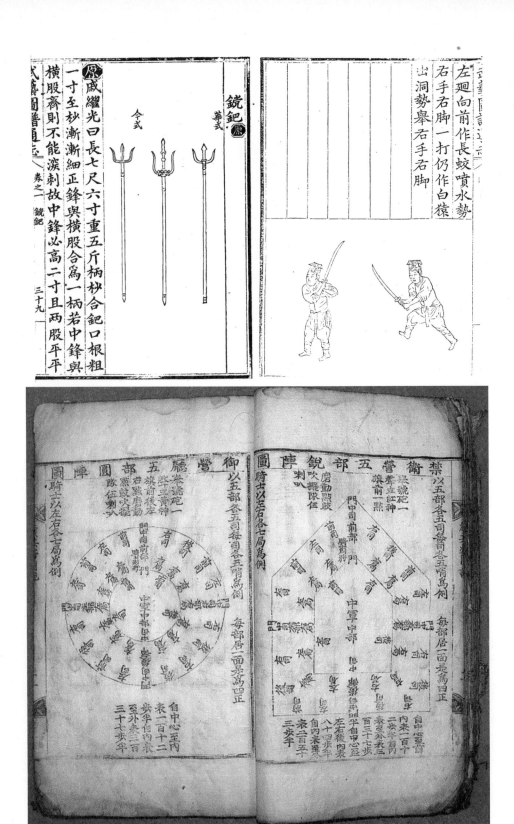

무기, 군인, 전투, 병법 등을 담은 병서

경제, 사회, 그리고 과학기술 등 모든 것이 응축된 '지혜의 결정체'다. 전쟁이란 생존 아니면 죽음의 교차점이었기에 상대방을 물리치기 위해서 온갖 지혜를 총동원하는 것이 당연했기 때문이다. 이러한 차원에서 병서를 통해 당대의 군사 측면은 물론이고 정치 및 사회상까지 엿볼 수 있다.

우리나라는 지리적으로 중국 대륙에 인접해 있어 일찍부터 중국의 선진 문물을 접했고, 이를 수용하고 보완해 우리 것으로 발전시켰다. 물론 독창적인 우리의 전통 병서도 있으나 대부분 중국의 무기 및 사용법, 군사훈련법 등을 기초로 작성된 것들이었다. 고로 우리 조상들은 당대의 기준에서 볼 때 항상 높은 수준의 병법을 익히고 있었다고 볼 수 있다. 삼국시대부터 병서가 편찬된 것으로 알려졌으나 조선시대 이전까지는 그 수가 적었다. 무엇보다도 현전(現傳)하는 것이 희박하기에 임진왜란 전후로 간행된 병서들을 중심으로 살펴보고자 한다.

병서의 유형과 간행 과정

앞에서도 밝혔듯이, 병서는 군사에 관한 거의 모든 것을 포괄하기에 유형은 다양하다. 따라서 이를 일목요연하게 몇 개의 범주로 구분하기는 쉽지 않다. 더욱이 조선 세종 대에는 병서의 간행이 많아지면서 분량이 크게 늘어난 탓에 그 유형을 찾아내기란 더욱 어렵다. 또한 내용상으로도 한 가지 주제만 다루는 것이 아니라 종합본 성격이 많고 이에 대한 후세 연구자들의 의견도 일치하지 않기 때문에 분류가 어렵다. 하지만 병서에 대한 일반 독자들의 이해도를 높이기 위해서는 이를 가능한 한 몇 개의 묶음으로 구분할 필요가 있다. 오늘날 연구자들은 주로 병서의 내용을 기초로 분류하는 바, 대략적인 공통분모를 뽑아 볼 때 교범류, 전사(戰史)류, 무구(武具) 및 성제(城制)류, 무예류, 그리고 민보(民堡)류 등으로 나눌 수 있다.

그렇다면 병서는 누가 편찬했을까? 건국 초기부터 강력한 문신 우위의 사회체제를 구축한 조선은 병서의 간행이 매우 포괄적으로 이루어졌다. 다시 말해, 위로는 국왕으로부터 아래로는 말단 관리에 이르기까지 병서의 편찬 작업에 참여했던 것이다. 특히 조선에서는 병서를 단순한 군사 및 전쟁 관련 서적으로만 인식하지 않고 보다 깊은 내용을 담은 인문서로 간주했기에 당대 최고의 학자나 문장가들도 병서 편찬에 한몫했다. 왕조의 기틀을 잡아야만 했던 조선 초기에는 국왕이 직접 병서를 저술하는 경우도 있었으나 이후에는 대부분 왕명을 받은 학술기관이나 학식이 높은 신하가 편찬을 주도했다.

조선시대에 얼마나 많은 병서가 편찬되어 현재 전해지고 있을까? 이를 정확하게 알 길은 없다. 하지만 다행스럽게도 조선 후기 이전에 발간된 병서들을 정리한 두 권의 책자가 전해지고 있다. 그중 하나는 18세기 말에 실학자 이긍익이 저술한 『연려실기술』(「전고(典故)」에 17종의 병서)이며, 다른 하나는 1908년에 왕명으로 간행된 『증보문헌비고』(「예문고」와 「병고」에 각각 41종과 22종 등 총 63종의 병서)다. 여기에서 중복되는 병서들을 제외하면 약 70여 종에 이르고, 시기상 모두 조선시대에 편찬된 것들이다.

이처럼 서명도 생소한 다양한 병서들을 쉽게 이해할 방법은 없을까? 아마 저자와 내용에 따라 살펴보는 방법이 유용할 것이다. 국왕이 직접 저술한 병서는 '어제병서(御製兵書)'라고 불렀는데, 대표적으로 세조가 지은 『병장설』이나 『병경』 등을 꼽을 수 있다. 그리고 신하가 지은 병서는 '어정병서(御定兵書)'라고 했는데, 조선왕조 전체를 통해서 『역대병요』『동국병감』『병학통』그리고 『무예도보통지』등 귀에 익은 병서들이 여기에 해당한다.

무엇보다도 병서의 제목이 내용 및 성격과 밀접하게 관련되어 있다. 우선, 방대한 내용의 병서를 쉽게 활용할 수 있도록 요점만 간추려서 편찬하거나 여러 병서를 참고로 특정 주제의 내용을 요약해 편찬한 경우가 있다. 『기효신서절요』『무경절요』『행군수지』『병가요집』 등이 이에 해당하며, 병서 제목에 '절요' '수지' 그리고 '요집' 등이 붙어 있는 경우가 많다. 또한 동일한 내용의 병서 여러 권을 한 권으로 종합할 경우에는 '통지(通志)'라는 문구를 첨가했는데, 정조 대에 간행된 『무예통지』가 바로 여기에 해당한다. 독자의 이해를 돕기 위해 내용에 그림이나 입체도형 등을 포함한 경우에는 『병장도설』처럼 병서 제목에 '도설(圖說)'이란 단어를 덧붙였다. 그리고 『화포식 언해』처럼 끝에 '언해(諺解)'라는 명칭이 붙은 것은 한자를 잘 모르는 장병을 위해 세종 대 이후에 병서를 한글로 번역한 것이다.

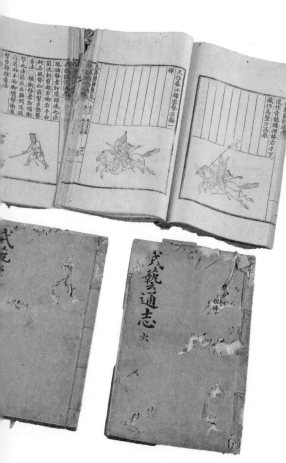

무예통지(1790년)

병서의 간행은 어떻게 이루어졌을까? 크게 인쇄와 장정(裝幀)으로 나눌 수 있다. 인쇄는 목판이나 목활자였다가 고려 중기 이후 금속활자를 사용했다. 목판 및 목활자는 제조에 상당한 시간과 노력이 드는 데 비해 한 번에 많은 분량을 찍어낼 수가 없었다. 다행히 우리나라는 금속 관련 기술이 발달한 덕분에 일찍부터 금속활자를 만들어 병서를 간행했다. 특히 조선 세종 대에는 선대(先代)에 개발된 계미자를 기초로 활자의 모양과 규격 등을 통일함으로써 작업을 보다 효율적으로 추진할 수 있었다.

조선 후기 서원의 팽창과 더불어 서적의 수요가 많아지면서 금속활자 인쇄술은 크게 발전했다. 이 밖에 지필묵(紙筆墨)을 이용한 필사도 병행되어 간행물의 모양새를 더욱 풍성히 했다. 이렇게 생산된 병서 중에서 희귀본은 사고(史庫)를 비롯해 여러 기관에 분산시켜 소장함으로써 향후 관리와 유지에 만전을 꾀했다. 하지만 워낙 외침을 많이 받은 탓에 아쉽게도 현전하는 병서는 그렇게 많지 않다.

조선 전기의 대표적 병서

역사적으로 삼국시대부터 중국에서 입수한 병서를 수정 보완해 사용한 것으로 알려졌으나 대부분 병서명이나 저자가 불분명하고 무엇보다도 한 권도 현전하지 않았다. 조선시대에 들어와서야 본격적으로 병서 편찬 작업이 이루어졌고, 이들 중 상당수가 오늘날까지 전해지고 있다. 그런데 조선의 군사체제는 임진왜란을 전후로 크게 달라지는데, 병서 편찬

역시 예외가 아니었다.

고려 말 최무선에 의해 화약제조법이 개발되고 화약무기가 사용되었으나 여전히 군대의 주력 장비는 근력무기였다. 고려가 망하고 새로운 왕조가 등장했지만 사정은 비슷했다. 따라서 조선 초기에 왕실의 관심은 효과적인 군대의 조련에 집중됐다. 즉, 병사들을 효율적으로 훈련시키는 방법인 진법(陳法)을 매우 중시했다. '전투대형을 갖추는 법, 전투 시 진을 치는 법' 등이 이에 해당했다. 자연스럽게 이 시기에는 진법에 관한 병서가 주류를 이루었는데, 대표적 개국공신이었던 정도전이 이에 깊은 관심을 기울였다. 그는 병서 편찬은 물론 병사 중에서 무예에 소질이 있는 자들을 선발해 강도 높은 진법 훈련을 시켰다. 국가적으로도 북방 여진족과의 충돌이 잦았던 시기였기에 국방에 대한 관심이 고조되었다.

바로 이러한 분위기에서 조선 전기 전술의 근간을 이룬 '오위진법(五衛陳法)'이 창안되었다.

조선 전기 병서 간행의 르네상스기는 태종~세종 대였다. 태종은 유력 공신들의 사병(私兵)을 혁파하고 중앙군을 창설해 체계적으로 훈련시켰다. 이와 동시에 무과시험을 실시해 인재들을 등용했다. 이러한 시대적 변화는 병서의 수요 증가로 이어져 병서의 간행을 촉진했다. 태종 대의 준비과정을 거쳐서 세종 대에 이르러 본격적으로 병서들이 선을 보이기 시작했는데, 1448년(세종 30)에 간행된 『총통등록』과 세종 말년에 간행된 『무경칠서』 『역대병요』 등을 대표작으로 꼽을 수 있다. 그러나 세종 대에 개발된 각종 화포의 제원, 주조법, 그리고 화약사용법 등을 자세히 기록한 우리나라 최초의 화기 교범서인 『총통등록』이 현전(現傳)하지 않는 것은 매우 안타까운 일이다.

조선의 병서 간행 사업은 세조 대에 이르러 진정한 전성기를 맞이했다. 왕자 시절부터 병법에 관심이 많았던 세조는 국왕의 자리에 오른 다음에 병서 편찬사업에 박차를 가했다. 또한 세조 자신이 용병에 관한 경구와 훈시 등을 엮은 『병경(兵鏡)』과 이를 보완한 『병장설(兵將說)』을 집필하고 여기에 전문 학자들로 하여금 주해를 달게 했다. 특히 세조는 중앙에서 발간된 병서를 지방으로 널리 보급해 장병들의 자질을 향상시키고 이를 바탕으로 국방을 튼튼히 하려고 했다. 세조 대에 발간된 『병장설』 『무경칠서』 『진법』 『병정』 『동국병감』 『역대병요』 등은 임진왜란 발발 시까지 조선 무인의 필독서가 되었다. 하지만 조선 초기의 활발한 병서 간행사업은 세조 이후 별다른 성과를 거두지 못했다. 더구나 15세기 말에 이르면 국론이 분열되는 등 국방을 소홀히 한 탓에 병서 간행작업도 뒷전으로 밀리게 되었다.

조선 후기의 대표적 병서

　임진왜란 초기에 조선군은 조총으로 무장한 왜군에게 속수무책으로 당했다. 후퇴를 거듭하던 조선군이 반전의 계기를 마련한 것은 1593년 1월 초에 벌어진 평양성 전투였다. 이때 함께 작전한 명나라 군대가 장창, 당파, 낭선 등 당시에는 생소한 무기를 들고 싸웠고, 평양성 탈환에 성공하면서 명군이 사용한 전술에 대해 관심을 갖게 되었다. 이것이 명나라 장수 척계광이 지은 『기효신서(紀效新書)』에 기록된 전투방식임을 안 조정에서는 곧 이 병서를 입수, 우리말로 번역해 조선군의 훈련방식에 적용했다. 이 시기에 척계광의 또 다른 저술인 『병학지남』도 소개된 바, 이 두 책은 임진왜란 이후 조선군의 군사훈련체제 정비에 커다란 영향을 미치게 되었다.

　그러나 17세기 중엽, 두 번에 걸친 호란(胡亂)을 겪고 난 다음 보병에 대한 대응책 위주였던 『기효신서』의 문제점이 제기되었고, 북방 오랑캐의 기병부대에 대응할 필요성이 절실해졌다. 그래서 임진왜란 이후 거의 폐기되다시피 했던 오위진법을 부활시키려는 시도가 있었으나 주목할 만한 성과는 거두지 못했다. 인조의 뒤를 이은 효종이 강력하게 북벌계획을 추진하면서 군사력 강화에 심혈을 기울였으나 10년 만에 서거하는 통에 이러한 노력이 병서 간행으로 발전하지는 못했고, 과거의 제반 병법을 간추려 편찬한 『연기신편』의 간행이 거의 유일했다.

조선 후기 병서 간행사업은 영조와 정조 대에 이르러 부활되었다. 영조는 군사력을 국왕에게 집중시킬 의도로 임진왜란 전에 유행했던 진법에 관심을 두고 이를 『병장도설』 및 『속병장도설』이라는 제목으로 재 발간했다. 또한 도성 수비를 강화할 목적으로 『수성절목(守成節目)』을 편찬하고 명나라에서 『무비지(武備志)』를 입수해 간행했다. 또한 정

기효신서

조 즉위와 더불어 『기효신서』 계통의 병서가 다수 간행되었다. 특히 그는 장수의 자질 향상에 관심이 많아서 『병학통』 『병학지남』 『무예도보통지』 『병학지남연의』 등을 발간해 널리 보급했다.

그러나 정조 이후에 병서 간행 작업은 활력을 잃게 되었다. 그렇다고 그 맥마저 끊어진 것은 아니었다. 국가의 역할

은 미진했던 반면에 개인 차원에서 일부 국방의식을 지닌 학자들이 병서 발간에 일익을 담당했다. 정약용의 『민보의(民堡議)』, 박종경의 『융원필비』, 이중협의 『비어고(備禦攷)』, 그리고 조우석의 『무비요람(武備要覽)』 등을 꼽을 수 있다.

이후 고종의 즉위와 더불어 대원군 주도로 국방개혁이 단행되었으나 이미 국운은 기울고 있었다. 고종 대에는 정약용이 제시했던 민보방위체제에 관한 병서인 『민보집설』 『민보신편』이 발간되었다. 19세기 말에 이르러 국가 인쇄기관인 박문국(博文局)에 신식 금속활자가 도입되어 서적 간행사업이 활기를 띄었다. 하지만 이 시기의 간행물은 을지문덕이나 이순신 장군과 같은 과거 영웅들과 관련된 전투사가 주를 이루었다. 명장들의 삶과 호국의지를 통해 국가의 독립을 보전코자 했던 선조들의 소망이 투영된 결과였다.

전통 병서에 대한 인식의 중요성

조선 전기에는 태종과 세종 대, 조선 후기에는 영조와 정조 대에 병서 간행이 활발했다. 비록 많은 전통 병서들이 중국 병서를 수정 보완한 형태였으나 그렇다고 우리 병서의 수준을 낮게 보아서는 안 된다. 중국 병서를 근간으로 했으나 이를 우리 실정에 맞게 다시 편찬했고, 독자적으로 저술된 병서도 많기 때문이다.

오늘날은 스마트 폭탄을 활용한 핀 포인트 폭격과 인공위성을 이용한 미사일의 원격조정이 가능한 시대다. 이렇게 과학기술이 발전한 시대에 우리가 과거의 전통 병서에 관심을 기울여야 한다는 주장은 과연 타당할까? 그렇다. 우선, 전통 병서는 단순히 군사에 대한 내용만을 담고 있지 않다. 이는 편찬될 당시의 군사 현황은 물론 정치, 경제, 사회 등 역사 전반을 반영하고 있다. 또한 역사적으로 전혀 엉뚱한 방식으로 벌어진 전쟁은 없었다. 다시 말해, 당대의 전쟁은 바로 앞 시대에 벌어진 전쟁에서 다소 발전된 모습에 불과한 것이다. 따라서 승리하기 위해서는 반드시 앞선 시대에 벌어진 전쟁에 대해 알아야 하고 이를 위해서 당대에 간행된 병서를 읽어야만 한다.

전쟁은 생사의 갈림길이기에 병서에는 당대인들의 지혜가 응축되어 있다. 살기 위해서는 상대방보다 더 많은 지혜를 짜내야만 했기 때문이다. 따라서 병서에는 장구한 세월 동안 선조들이 생존하기 위해 노력한 피와 땀과 눈물이 스며들어 있다. 오늘날과 비교해 무기의 위력은 엄청난 차이가 있으나 싸움에 임하는 인간의 본성은 같기에 전통 병서에 담긴 내용은 시공을 초월해 오늘날 우리에게도 충분히 유효하다.

마치며, 선조들의 지혜를 잇는 후대의 무기개발에 바란다

대부분 각국의 전통 무기는 국가의 군사문화라는 소프트웨어와 지형과 기후라는 하드웨어의 결합을 통해 중요도가 결정되었다. 이는 우리나라도 마찬가지다. 따라서 전쟁의 승패는 역사적으로 과연 누가 자국의 제반 여건에 가장 잘 어울리는 무기를 개발 및 발전시키고 성능을 극대화할 수 있는 무기체계를 구비했느냐에 크게 좌우되었음을 엿볼 수 있다.

우리나라는 자연적으로 산악이 많고 이를 이용한 산성이 많다 보니 흔히 '성곽의 나라'라는 별칭으로 불리기도 했다. 물론 전국에 분포되어 있던 많은 산성이 실전에 어느 정도 기여했는지 정확하게 평가할 방법은 없다. 더구나 산성 자체로는 아무런 효용이 없고 우리 민족의 전통적 방어책인 '청야입보' 전술과 결합할 경우에 위력을 발휘할 수 있었다. 청야입보는 종심이 깊은 우리나라의 지형을 고려한 전술로 적군의 침략 시 들판에 있는 먹을거리를 모두 불태우고 산성으로 들어와야 그 진가를 발휘할 수 있었다.

오늘날 우리가 유적지에서 접하는 산성들은 돌무더기에 불과할 정도로 초라한 모습일 수도 있다. 풍상의 세월을 견디지 못하고 무너져 내린 경우도 있고, 처음부터 모양이나 규모가 작은 경우도 있다. 하지만 중요한 것은 바로 이러한 성곽들이 우리 선조들과 함께 무수한 외침으로부터 이 강토를 지킨 주인공이라는 점이다. 따라서 아무리 사소하게 보이는 돌덩이 하나라도 국방유적을 소중하게 여기고 이를 보존하려는 자세를 갖는 것이 바로 나라사랑의 첫걸음이 아닐까 한다.

창의성을 갖고 직분에 전념하는 것이 바로 애국

역사 속에서 애국을 실천하는 일은 전장이 아니더라도 자신의 분야에서 최선을 다하는 것임을 최무선의 삶을 통해 엿볼 수 있었다. 최무선은 개인의 노력으로 우리나라 최초로 화약제조에 성공해 화약의 국산화라는 소중한 업적을 이룩했다. 하지만 그의 역할이 여기에서 멈추었다면 업적은 반쪽에 불과했을지도 모른다. 그는 고려 왕실을 설득해 '화통도감'을 설립하고 다양한 화약무기를 개발했으며, 이를 실전에서 사용함으로써 왜구 토벌을 성공으로 이끌었다. 그 덕분에 고려 왕실은 1350년 이래로 서해안과 남해안 지방을 불안에 떨게 했던 왜구의 분탕질을 막을 수 있었다.

무엇보다도 그는 아들 최해산에게 화약제조 비법을 전승시켜서 세종 대에 화약무기 르네상스를 이룩하는 기초를 놓았다. 우리 역사상 드물게 부자(父子)가 국방에 크게 기여한 사례다. 당시 화약의 전술적 가치를 이해하고 꾸준한 관찰과 집요한 추적을 통해 자체 제조에 성공했던 최무선의 창의적인 태도와 이를 무기 제작으로 연결해 실전에 사용했던 실용적인 자세는 오늘을 사는 우리에게도 필요한 덕목이다. 그리고 평생 화약과 동고동락한 삶의 이면에는 애국(愛國)과 애민(愛民) 정신이 녹아 있음을 기억해야 할 것이다.

세종 대 이후 화약무기는 침체기였지만 전혀 손을 놓고 있었던 것은 아니었다. 선조들은 나름의 방식으로 나라를 지키기 위해서 노력했다. 임진왜란 시에 왜군의 조총에 고전을 면치 못했으나 이후 곧 승자총통 및 삼안총과 같은 개인화기를 개발해 왜군의 침략에 대응했다. 임진왜란 동안 벌어진 지상전투라고 하면 왜군의 조총만을 떠올리는데, 이 기회에 우리 조선군에도 심혈을 기울여 개발한 개인화기가 있었음을 기억할 필요가 있다. 무엇보다 우수한 무기 개발은 한순간에 이루어지는 것이 아니라 지속적인 관심과 개발의지를 갖고 창의력을 발휘할 때 이루어진다는 교훈을 되새겨야 한다.

조선 전기에 개발된 여러 화약무기들 중에서 대표적으로 하나를 꼽으라면 아마도 신기전과 화차가 아닐까 한다. 신기전과 화차의 결합은 오늘날 소형 로켓무기와 다연장 발사기의 결합에 해당한다. 현대 전투에서 막강한 화력을 과시하는 다연장 로켓포의 원조가 바로 우리나라의 신기전과 화차다. 1980년대에 개발된 K-136 다연장 로켓포는 어느 날 갑자기 하늘에서 떨어진 것이 아니라 선조들의 국방과학기술에 대한 노하우가 기록이나 유물 그리고 우리의 DNA를 통해 면면히 전해졌기에 가능했다. 비록 지금은 하찮은 것처럼 보일지라도 주변에서 접하는 전통 무기를 포함한 군사문화재야말로 선조들의 지혜가 겹겹이 쌓여 있는 보물임을 명심해야 한다.

세계화 시대의 덕목, 개방과 포용

바야흐로 세계는 일일생활권으로 접어들었다. 이제 '세계화'라는 용어가 전혀 낯설게 들리지 않을 정도다. 다른 한편으로 세계화 시대는 무한경쟁의 시대이기도 하다. 우리는 빨리 우수한 제품을 만들어 판매하는 것이 한 기업, 한 국가의 흥망을 좌우하는 매우 위태롭고 살벌한 시대에 살고 있다.

그렇다면 이러한 시대의 생존방식은 무엇일까? 바로 개방성과 포용성이다. 다시 말해, 우리 것만 고집하지 말고 두 눈을 세계로 향해 우리보다 좋은 것이 있으면 이를 적극적으로 수용해야 한다. 그리고 우리 실정에 맞게 개량하고 발전시켜서 이를 다시 세계에 선보여야 생존과 번영을 이어갈 수 있다. 이러한 원리는 국가 간의 교역에만 해당되는 것도 아니고, 특별히 오늘날에만 제한적으로 적용되는 것도 아니다. 앞에서 살펴보았듯이, 이미 우리의 역사 속에 '세계화'의 모습이 있었고, 수용 여부가 어떠한 결과를 초래했는지 경험했다.

조총과 불랑기포는 모두 유럽에서 만들어져서 16세기 중엽에 동아시아에 전래된 당대의 신무기다. 유럽인들이 이른바 '서세동점'을 하는 중요한 수단이 되었으나 우리에게도 수용되어 임진왜란이라는 위기를 극복하는데 기여했다. 오늘날도 마찬가지다. 항상 열린 마음을 갖고서 과거를 발판으로 삼아 미래를 내다보는 자세를 견지해야만 한다. 이는 민족과 시공을 초월해 적용될 수 있는 중요한 생존원리임을 명심할 필요가 있다.

역사는 반복한다

19세기 후반은 격변기였다. 내부적으로 왕조는 기울고 있었으며 설상가상으로 월등한 성능을 지닌 근대식 무기로 무장한 서양 열강이 물밀듯이 밀려왔다. 이러한 풍전등화의 시기에 어린 고종을 대신해 조선의 정치를 주도했던 대원군은 부국강병책을 적극적으로 추진했다. 무엇보다도 외세를 물리치기 위해서는 성능이 우수한 무기개발이 절실함을 깨닫고 이를 의욕적으로 추진한 바 있다. 비록 당시 열강의 군사적 능력이 너무 강해 당대의 노력이 충분한 성과를 얻지는 못했으나 온갖 어려움 속에서도 무엇인가 새로운 시도를 통해 나라를 지키려고 했던 선조들의 의욕과 정신은 높이 살만하다.

흔히 '역사는 반복된다'라고 한다. 이를 입증이라도 하듯, 전문가들은 오늘날 우리나라가 처한 주변정세가 19세기 말과 비슷하다고 목소리를 높이고 있다. 이는 무슨 의미인가? 또다시 외세의 손에 놀아나지 않도록 주변의 변화를 세심하게 관찰하면서 슬기롭게 대응해야 한다는 경고다. 효과적인 대응책이 바로 선조들의 고민 속에 담겨 있는 바, 이러한 역사를 통해 교훈을 찾고 이를 바탕으로 국가의 존립과 국민의 안위가 위협을 받는 또 다른 우(愚)를 범해서는 결코 안 될 것이다.

참고문헌

국방군사연구소, 『한국의 봉수제도』, 1997.

국사편찬위원회 편, 『나라를 지켜낸 우리 무기와 무예』, 두산동아, 2007.

강성문, 『한민족의 군사적 전통』, 봉명, 2000.

김행복, 『한국 고병서의 현대적 이해』, 육군본부, 2006.

노영구, 『역사와 현실 제30집: 조선시대 병서의 분류와 간행추이』, 1998.

노영구 외, 『정조대의 예술과 과학』, 문헌과 해석사, 2000.

민승기, 『조선의 무기와 갑옷』, 가람기획, 2004.

박금수, 『조선의 武와 전쟁』, 지식채널, 2011.

박재광, 『화염 조선: 전통 비밀병기의 과학적 재발견』, 글항아리, 2009.

서길수, 『고구려 산성』, 고구려 연구회, 1998.

손영식, 『한국의 성곽』, 주류성, 2009.

심정보, 『한국읍성의 연구』, 학연문화사, 1995.

여호규, 『고구려 산성 I.II』, 국방군사연구소, 1998.

유승우 외, 『한국무기발달사』, 국방군사연구소, 1994.

육군박물관, 『학예지 제15집: 군사신호체계 특집』, 2008.

육군본부 군사연구소, 『한국 고병서의 현대적 이해』, 2006.

온창일, 『한민족전쟁사』, 집문당, 2002.

임용한, 『전쟁과 역사 1: 삼국편』, 혜안, 2001.

_____, 『전쟁과 역사 2: 거란 여진과의 전쟁』, 혜안, 2004.

전쟁기념관 편, 『우리나라의 전통무기』, 전쟁기념관, 2004.

정해은, 『한국 전통병서의 이해 1&2』, 국방부 군사편찬연구소, 2004&2008.

진용옥, 『봉화에서 텔레파시 통신까지』, 지성사, 1996.

차용걸·최진연, 『한국의 성곽』, 눈빛, 2002.

채연석, 『우리의 로켓과 화약무기』, 서해문집, 1998.

허선도, 『조선시대 화약병기사 연구』, 일조각, 1994.
허인욱, 『옛 그림에서 만난 우리 무예풍속사』, 푸른역사, 2005.

큰글자 살림지식총서 133

한국 무기의 역사

펴낸날	**초판 1쇄** 2015년 5월 28일

지은이	**이내주**
펴낸이	**심만수**
펴낸곳	**(주)살림출판사**
출판등록	**1989년 11월 1일 제9-210호**

주소	경기도 파주시 광인사길 30
전화	031-955-1350 팩스 031-624-1356
기획 · 편집	031-955-4671
홈페이지	http://www.sallimbooks.com
이메일	book@sallimbooks.com

ISBN	978-89-522-3148-2 04080

※ 이 책은 큰 글자가 읽기 편한 독자들을 위해
글자 크기 15포인트, 4×6배판으로 제작되었습니다.